RADIUS  BÜCHER

Otto Kaiser

Ideologie und Glaube

Eine Gefährdung
christlichen Glaubens
am alttestamentlichen Beispiel
aufgezeigt

CIP-Kurztitelaufnahme der Deutschen Bibliothek

Kaiser, Otto:
Ideologie und Glaube: e. Gefährdung christl.
Glaubens am alttestamentl. Beispiel aufgezeigt /
Otto Kaiser. – Stuttgart: Radius-Verlag, 1984.
ISBN 3-87173-679-1

3., 2., 1. Auflage (die letzte Ziffer gilt für diese Ausgabe)
ISBN 3-87173-679-1
© 1984 by RADIUS-Verlag GmbH Stuttgart
Umschlag: Gerhard Schröder
Gesamtherstellung: Clausen & Bosse, Leck
Printed in Germany

FRIDOLIN STIER
Amico Magistro
in piam memoriam

In mundo pressuram
habetis, sed confidite,
ego vici mundum.

Ev. Joh. 16, 33.

KAPITEL 1

Ideologie oder Glaube
Das Problem

Gelegentlich findet sich in Hotelbibeln ein von ihren Stiftern eingeklebter Zettel, der mit dem Hinweis darauf, daß es sich bei der Heiligen Schrift um das vom Heiligen Geist inspirierte und daher in sich widerspruchsfreie Gotteswort handele, zu ihrer Lektüre einladen will. Wenn ich solchen Einlagen oder Verteilzetteln begegne, werde ich jedesmal traurig, nicht, weil ich nichts von der Schrift halte, sondern weil sich hier ein Glaube ausspricht, der es in der gegenwärtigen, bedrängenden und die Christen herausfordernden Situation nicht zu der nötigen gedanklichen Klarheit seiner selbst gebracht hat und dessen Appelle an die Nichtchristen daher weithin fruchtlos bleiben. Für einen solchen Glauben gibt es heute wohl hauptsächlich zwei Möglichkeiten: Entweder beschränkt er sich auf ein andächtiges Verhalten gegenüber und unter der Schrift oder er sieht sich zur Verteufelung des neuzeitlichen, zum Konflikt mit den Weltbildern der Bibel führenden Denkens veranlaßt.

Schaltet er das kritische Nachdenken überhaupt aus und überläßt er sich statt dessen der Andacht, bleiben ihm solche Zusammenstöße mit dem Zeitgeist erspart. Der Glaube zieht sich dann letztlich auf die eigene Erfahrung mit dem Schriftwort zurück, kann sich aber den sie nicht von vornherein teilenden Zeitgenossen nur begrenzt verständlich machen. Eine solche Einstellung findet sich heute nicht nur unter Christen, sondern auch unter gebildeten Muslims. So sagte mir einmal ein junger Türke, von dem ich die korrekte Aussprache der 1. Sure des Koran zu erlernen versuchte, der sie aber selbst nicht übersetzen konnte, auf meine Frage, was ihm das Koranrezitieren dann nütze: »Was hängt an der Bedeutung der

Worte? Aber sie sind für mich Musik der Heimat. Allah, Gott, ist unsere Heimat!« – Ist es gewiß wahr, daß Gott als Grund von Existenz und Welt unser aller Heimat ist, so reicht diese Bestimmung offenbar nicht aus, um verständlich zu machen, warum wir gerade je Jude, Christ oder Muslim sind.

Währt eine solche Einstellung länger als eine Generation und bleibt sie dabei ohne entsprechende Sozialisation, führt sie mehr oder weniger unumgänglich zum Verlust der Tradition und der frommen Erfahrung. Die Stärke und Eigenart dieser Glaubenshaltung beruhen in Wahrheit weniger auf dem Festhalten am konkreten Wort der Schrift als auf der Selbstgewißheit ihrer Andachtserfahrung und auf dem ihre Gemeinschaft erfüllenden andächtigen Geist. Wir können den entsprechenden Umgang mit der Schrift den erbaulichen nennen, weil er die Bibelworte von vornherein unter dem Gesichtspunkt ihrer Bedeutung für das eigene Leben in Betracht zieht. Trotz der unbezweifelbaren Teilhabe eines solchen, nur in Ansätzen ausgelegten Glaubens an der Wahrheit Gottes findet er sich jedoch insofern vom unglücklichen Bewußtsein bedroht, als er nicht in der Lage ist, sein zentrales Anliegen denkend gegenüber dem Zeitgeist zu vertreten und dabei die Brücke vom einstigen Bibelwort zur Gegenwart zu schlagen. Versucht er es, sich seiner selbst denkend zu vergewissern, findet er sich bald in der Nähe zur negativen, alle positiven Aussagen über Gott als unzureichend abweisenden und daher im anbetenden Schweigen endenden Theologie und zu ihrer Schwester, der Mystik.

Geht er diesen Weg nicht, bleibt er aufgrund seiner mangelnden Reflexionsmöglichkeiten über das Wort in den Wörtern der Bibel nicht vor dem plötzlichen Abgleiten ins Schwärmertum bewahrt, das eben darin besteht, daß eine mehr oder weniger beliebige Einzelaussage der Schrift ohne Berücksichtigung ihrer Stellung und Bedeutung im Ganzen verabsolutiert und zum Gesetz erhoben wird.

Dieser menschlich sympathischen, weil sachlich in der Regel ebenso engagierten wie ihrem Wesen nach toleranten

Form des Schriftgebrauchs steht die zweite mit ihrem Zelotismus diametral gegenüber, weil sie voller Eifer und Unerbittlichkeit auf den Buchstaben der Bibel pocht. Die Vorentscheidung über seine Unfehlbarkeit verheißt ihren Anhängern eine fundamentale Sicherheit. Das Ringen um die von der Schrift bezeugte Wahrheit ist grundsätzlich immer schon entschieden, weil diese Wahrheit mit ihr selbst identisch ist. Alter und Aufbau der Welt sind damit der Diskussion ebenso entnommen wie die himmlischen Hierarchien. Nur die Entschlüsselung der Geheimnisse der Endzeit bleibt problematisch und entweder dem Grübeln der Brüder oder besser noch einer prophetischen, ihrerseits den Anspruch auf Inspiration durch den Gottesgeist erhebenden Auslegung überlassen, die ergänzend neben die Autorität der Schrift tritt. Positive Folge in den solcher Schriftauslegung anhängenden Kreisen ist oft ihre Freiheit zum christlichen Handeln, negative die Arroganz ihres vermeintlichen Wissens und die ihr gemäße Abschirmung gegenüber dem Denken der Zeit. Nun ist es gewiß so, daß der vordergründig geurteilt chaotische Charakter des Zeitgeistes den Verzicht angesichts des Gewinns an eigener Sicherheit leicht zu machen scheint. Trotzdem ist er zu teuer bezahlt; denn er stempelt eine Gemeinschaft, die sich auf einen derartigen Weg einläßt, von vornherein als eine Sekte ab, deren Mitglieder sich ebenso den Blick auf die Ergebnisse der historischen wie der naturwissenschaftlichen Forschung der Neuzeit versagen oder ihre Lebensbereiche streng voneinander trennen müssen. Sie kündigen damit ihre verbindliche Zeitgenossenschaft auf und machen das sacrificium intellectus, den Verzicht auf das eigene Denken, zur Vorbedingung des Heils. Trotzdem stehen sie mit dem Zeitgeist unablässig und unkündbar in Beziehung, es sei denn, sie verböten sich den Umgang mit allem, was die Technik bereitstellt. Das aber ist mindestens in einer modernen Industriegesellschaft gar nicht möglich. Die Grundthese von der vollkommenen Widerspruchslosigkeit und Irrtumsfreiheit der Schrift auf allen Gebieten läßt sich zudem nur durchhalten, wenn entweder auf das sorgfältige Lesen und Ernstnehmen des tatsächlichen Wortlauts verzichtet oder stillschweigend eine Auswahl des Verbindlichen getroffen und der Rest von daher umgedeutet wird. Aus den genannten Gründen ist das altprotestantische Dogma der Verbalinspiration schließlich unter dem Ansturm des erwachenden historischen Bewußtseins und des ihm gemäßen genauen Lesens der Schrift zusammengebrochen. Demgemäß bleiben auch die gegenwärtigen Versuche, die Bedeutung der Bibel für den Glauben durch eine weltanschauliche Absicherung über jeden Zweifel zu erheben, zum Scheitern verurteilt.

Der Glaube gewinnt seine Gewißheit nur aus sich selber bzw. durch den Gott, der sich ihm und nur ihm erschließt. Hier aber wird sie an eine Vorentscheidung gebunden, welche die allerdings nötige Selbstübergabe an Gott mit der an eine in der Spätantike verwurzelten Ideologie vermengt und daher zu einem überflüssigen Konflikt des Glaubens mit sich selbst und dem geschichtlichen Zeitgeist führt. Aus diesem Konflikt ergibt sich wiederum ein unglückliches Bewußtsein, das sich beständig gegenüber andersartigen Fakten und Hypothesen behaupten muß. Das unglückliche Bewußtsein selbst aber neigt dann aus Gründen der Selbstverteidigung zu einer Aggressivität gegenüber allen Andersdenkenden und ist sich dabei oft nicht der eigenen Gefährdung, schwärmerischen Mißdeutungen der Bibel zu erliegen, bewußt. Denn selbst, wenn Christus zur Mitte der Schrift erklärt wird, fällt es angesichts der unterstellten prinzipiellen Gleichwertigkeit ihrer sämtlichen Aussagen schwer, als Kriterium ein »was Christum treibet« durchzuhalten.

Es darf jedoch keineswegs verschwiegen werden, daß es mit einer bloßen Preisgabe des Inspirationsprinzips bei einem gleichzeitigen theologisch ziellosen Umgang mit der Schrift nicht getan ist. Werden jetzt historische Einsichten, der Tradition entnommene Aussagen und dem eigenen Vorverständnis entstammende Ansprüche unreflektiert vermischt, sind der Ideologisierung von Glaube und Theologie keine Grenzen gesetzt. Das biblische Zeugnis wird dabei oft gegen die eigene Absicht um seine Kraft gebracht und in den Dienst fremder Herren gestellt. Manch einer mag sich noch an das von den Nationalsozialisten beschworene sog. positive Christentum erinnern, unter dem man sich die Verwirklichung des humanen Gehaltes und der sozialen Aspekte des Evangeliums in einer erneuerten Volksgemeinschaft vorstellen mochte. Doch schloß das von Anfang an Rassismus und politischen Terror gegen alle, denen es um die Bewahrung des Evangeliums als der Botschaft von der Erlösung aller Menschen durch Gott in Jesus Christus ging oder die politisch, weltanschaulich oder philosophisch andere Ansichten als die Machthaber vertraten, nicht aus. Seither stehen die Versuche, die Kirche dieser oder jener politischen Zielsetzung dienstbar zu machen, mit Recht unter dem Verdacht des Abfalls und der Ideologisierung, zumal wenn sie sich ganz entgegen dem Geist Christi als gewalttätig erweisen.

Die Geschichte lehrt, daß jeder Anspruch, auf die Fragen des menschlichen Zusammenlebens in Politik und Gesellschaft die letzte und einzig mögliche Antwort zu besitzen, über die nicht mehr diskutiert werden darf und der es sich schlechthin zu unterwerfen gilt, die Völker und ungezählte einzelne, in ihrem Gewissen anders gebundene ins Unglück gestürzt hat, ohne daß der verheißene Segen der politischen Heilslehre eintraf.

Das mit solchen Ansprüchen auftretende Sendungsbewußtsein, gründet es sich nun auf einer vermeintlichen Einsicht in den zu befördernden notwendigen Gang der Geschichte oder dem Überlegenheitsgefühl einer Klasse oder Rasse, erlaubt dann jeweils keine Diskussion der angestrebten und öfter noch der erreichten Herrschaftsstrukturen. Liegt die Torheit in den beiden letztgenannten Fällen überall greifbar auf der Hand, wo es sich sachlich lediglich um den Versuch der Sicherung überholter Herrschaftsstrukturen mittels ihrer Ideologisierung handelt, spricht die bisherige Erfahrung dafür, daß sich ein solcher Anspruch auch bei seinem utopischen Charakter nicht bewährt. Realitäten zu erkennen, in Rechnung zu stellen und trotzdem den Leitfaden einer humaneren Gesellschaft und einer ihr gemäßen Staatsorganisation nicht aus dem Auge zu verlieren, weist sich angesichts der zurückliegenden Erfahrungen mit den sich utopisch begründenden Revolutionen jedenfalls als der unblutigere und risikolosere Weg der Menschheit in eine bessere Zukunft aus. Absolute Ansprüche im Bereich des Relativen erhoben sind zudem ein Selbstwiderspruch. Sie beruhen auf der Täuschung einer Allwissenheit, die zu ihrer Zeit notwendig an der Vieldeutigkeit der Faktoren scheitert, von denen die Zukunft bestimmt wird. Erhebt die Politik solche Ansprüche, verwandelt sie sich zur Religion. Vermischt die Kirche das Absolute und das Relative, bringt sie sich um ihren Auftrag. In beiden Fällen vollstreckt die Geschichte an ihnen das Gericht.

II

Der christliche Glaube erhebt den Anspruch, den Menschen zur Wahrhaftigkeit zu befreien, ihn in alle Wahrheit zu leiten und ihn mittels der Unterscheidung zwischen Gott und Welt, zwischen dem Absoluten und dem Relativen, zum rechten Umgang mit der Welt instandzusetzen. Indem er keiner endlichen Gestalt oder Größe Absolutheitscharakter zugesteht, sondern diese Ehre allein Gott vorbehält, streift er allem Menschlichen seinen Purpurmantel ab. Alle Institutionen und Personen müssen demgemäß ihre Ansprüche an dem messen lassen, was sie zur tatsächlichen Beförderung des Allgemeinwohls leisten. Dabei darf jedoch auch das allgemeine Wohl nicht den allein Gott vorbehaltenen Absolutheitsanspruch annehmen und so zu einer quasi-religiösen Größe aufsteigen. Die Allgemeinheit bleibt vielmehr als die bloße Summe der einzelnen definiert, von deren Würde sich ihre Würde ableitet und deren Dignität ihre abgeleitete begründet.

Daher besitzen die konkreten Allgemeinheiten, besitzen Völker, Staaten und Gesellschaften ihre Würde nicht an sich, sondern insoweit sie dem Zusammenleben und dem Interessenausgleich der einzelnen dienen. Der einzelne ist dagegen als das zur freien Selbstbestimmung und Eigentlichkeit berufene Wesen ebenso unmittelbar zu Gott wie als zeitliches durch seinen geschichtlichen Ort vermittelt.

Seine Unmittelbarkeit zu Gott erweist sich in seiner bodenlosen Transzendentalität gegenüber der Welt. Seine Gegenwärtigkeit deckt sich nicht einfach mit einem raumzeitlichen Gegenwartspunkt. Er geht vor- und zurückdenkend ihm gegenüber in Distanz. Er handelt aus Erinnerung, Überlegung und Entschluß. Er ist nicht ein bloßes Gemeinschaftswesen, sondern er muß seine Gemeinschaft verwirklichen. Und er wird aus seiner Welt und aus seiner Gemeinschaft immer wieder auf sich selbst zurückgeworfen. Er muß er selbst sein. Und er weiß darum, weil ihm niemand seinen eigenen Tod abnehmen kann. In seiner wesensmäßigen Einsamkeit, die sich in seinem eigensten Schuldigwerdenkönnen und seinem eigensten Sterbenmüssen unüberhörbar zu Wort meldet, ist er das Wesen in dieser Welt und doch nicht von dieser Welt, meldet sich hinter seiner letzten Ortlosigkeit scheinbar das Nichts, in Wahrheit aber Gott.

Aus dem nichtigen Grund seiner Existenz steigt die Angst auf. Angst ängstet sich immer um den eigenen Tod. Da jede neue Situation das Moment des Unbekannten enthält und gleichzeitig unter den unendlichen Möglichkeiten für jeden von uns nur die seines eigenen Todes gewiß ist, ängstigt sich der Mensch vor der Zukunft und allem Neuen, das sie mit sich bringt, auch vor jedem fremden Menschen. Ohne die friedliche Absichten signalisierenden Riten der Begegnung wäre für ihn jedes Zusammentreffen mit anderen Menschen eine unmittelbare Quelle der Angst. Mittelbar freilich dauert sie an, bis er die tatsächlichen Absichten des anderen kennt. Trotzdem bleibt das Leben des einzelnen und der ihn tragenden Gemeinschaft immer ein Wagnis, weil angesichts der

Unendlichkeit der Bedingungen und der gemeinsamen Sterblichkeit das Ergebnis menschlichen Tuns zu keinem Zeitpunkt sicher ist. Demgemäß bedarf der Mensch eines Vertrauens, um die Herausforderung des nächsten und mehr noch des übernächsten Augenblicks zu bestehen. Er kann es jedoch auf sich selbst, auf seinen Nächsten und die ihn zumal tragende Gemeinschaft nur bedingt gründen: Das eigene Schuldigwerdenkönnen und die eigene Sterblichkeit relativieren die Selbstgewißheit, mögliche Unbeständigkeit von Liebe und Treue, das Schuldigwerdenkönnen und die Sterblichkeit der anderen, die Zuverlässigkeit und Dauer der engsten, die Wandelbarkeit der politischen, wirtschaftlichen und rechtlichen Bedingungen, die Rechtssicherheit in der größeren Gemeinschaft.

Darüber hinaus setzt der Egoismus als Form der verzweifelten Selbstbehauptung auf allen zwischenmenschlichen und zwischenstaatlichen Ebenen der Vertrauensseligkeit seine Grenzen. Dabei unterliegt es keinem Zweifel, daß hinter dem Egoismus aller Schattierungen, die Angst zu kurz zu kommen, steht. Aber Angst ist auch hier Todesangst. Die gewaltigen Rüstungsanstrengungen und -potentiale der Gegenwart zeigen überdeutlich, in welchem Maße die Angst voreinander das Leben der Staaten diktiert. Statt ihre grundsätzlich begrenzte Kraft der Minderung von Leiden und Unterdrückung zu widmen, fühlen sie sich genötigt, ihr Überleben auf die von ihrer Vernichtungsmacht ausgehende Abschreckung zu gründen. Die vermeidbaren Übel der Welt basieren demgemäß auf dem Mißtrauen der Menschen untereinander. Dabei wird niemand, der die Geschichte kennt, solches Mißtrauen für unberechtigt halten. Aber ebenso wird sich niemand, der die sich jetzt für die Menschen abzeichnenden Perspektiven sieht, bei diesem Faktum beruhigen.

Menschliches Zusammenleben läßt sich offensichtlich auf die Dauer so wenig wie im Kleinen auch im Großen auf Mißtrauen gründen. Wer allen anderen mißtraut, vereinzelt in zynischem und zugleich verbittertem Skeptizismus. Ohne ein Mindestmaß an Verläßlichkeit, Rechtssicherheit und Vertrauensvorgabe gäbe es nicht den geringsten Verkehr zwischen Staaten. Ohne ein wachsendes Vertrauen in die Ernsthaftigkeit der Deklamationen der Friedfertigkeit der Staaten wird es kein Entrinnen aus dem Teufelskreis der Gewalt geben.

Christlicher Glaube macht den Menschen frei, indem er die Angst vor dem Tode durch das Vertrauen auf Gott unterfängt. Und er stellt diese Freiheit zugleich auf die Probe, indem er jeden für seinen Nächsten verantwortlich macht. Das »positive« Christentum, die für den anderen einspringende Nächstenliebe, existiert nicht ohne das dem anderen vorspringende Gottvertrauen. Wer in ihm gründet, kann dem anderen den Vertrauensvorschuß geben, ohne den menschliche Begegnungen nicht möglich sind und Politiker in eingewurzeltem Mißtrauen auf der Stelle treten. Wer in diesem Vertrauen gründet, ist zur Hingabe an den anderen und für den anderen bereit. Erst wenn die Ortlosigkeit des Menschen in seiner Welt als Aufruf zur Gründung in Gott erkannt und angenommen ist; erst wenn sich der Hochmut des Menschen angesichts der eigenen Fehlbarkeit und Gottes Vergebung gelegt hat, ist er gemeinschaftsfähig(er) geworden, bereit, seinen geistigen wie materiellen Besitz nicht bloß als Mittel der Selbstbehauptung, der Sicherung und Steigerung seiner Herrschaft und seines Selbstgenusses, sondern als ihm zur Ermöglichung seines Dienstes am anderen gegebene Lehen zu verstehen. Daß die ihm damit auferlegte Verantwortung nicht nur die gegenwärtigen, sondern auch die künftigen Generationen umgreift, macht die nicht erst am Horizont aufsteigende, sondern bereits im Gang befindliche Umweltkatastrophe sichtbar. Sie deckt auf, daß ein Überleben der Menschheit ohne Selbstbegrenzung ihrer Macht und ihres technischen Könnens nicht möglich ist. Eine zudem durch immer mehr Menschen immer kleiner werdende Welt erfordert statt des Ethos der unbedingten Selbstbehauptung und des Selbstgenusses, oft mit Selbstverwirklichung verwechselt, ein Ethos der Rücksicht und Umsicht, soll diese Erde nicht eines Tages allen, die auf ihr leben, zur Hölle werden. Kurzfristige und kurzsichtige Gewinne werden nicht nur in der Wirtschaft, sondern auch in der Politik – aber genauso im Leben des einzelnen – in der Regel später teuer bezahlt.

In der Folge all dieser Überlegungen erweist sich der christliche Glaube zwar als die eigenste Angelegenheit des einzelnen, hat er doch mit seinem eigenen Ausstand in das Nichts und damit seiner eigenen Gründung in Gott zu tun; aber er erweist sich zugleich auch als ein Politikum, und dies in einem ganz anderen Sinne, als man derzeit oft von den christlichen Kirchen als Faktoren des öffentlichen Lebens zu reden pflegt. Denn es geht einstweilen nicht darum, sich im Blick auf die nächste Wahl auch im Kirchenvolk die nötigen Stimmen zu sichern, sondern vielmehr darum, daß Christen als Glieder der Kirchen einer nicht erst seit gestern aufs Abschüssige geratenen Menschheit den entscheidenden Dienst erweisen, ihr zur Möglichkeit eines gemeinsamen Lebens dank rationaler Konfliktbewältigung und verantwortlichem Umgang miteinander wie mit den Vorräten und Kräften der Natur zu verhelfen. Gewiß kann hier das Vorbild viel bewirken. Und ebenso gewiß wird ein sich im Rhetorischen erschöpfendes Christentum wirkungslos bleiben. Aber der eigentliche Dienst der Christen an einer nicht- oder nachchristlichen Welt besteht darin, ihr die permanente Angst vor dem Nichts und dem Tode zu nehmen und sie dadurch zu rechtem Vernunftgebrauch und angstfreiem gemeinsamem Suchen nach dem besten Weg in die Zukunft zu befreien. Das, was die Christen der Welt eigentlich schulden, ist ihr die Welt überwindender und dadurch zum Dienst an dieser Welt befreiender Glaube. Und die Kirche als Kirche täte gut, wenn sie sich weiterhin um die konkreten politischen Geschäfte so wenig wie möglich kümmerte, um dann, um so energischer und mit um so größerer Aussicht gehört zu werden, das Wort zu ergreifen, wenn sie die Menschlichkeit des Menschen bedroht sieht. Das politische Alltagsgeschäft ist nicht die Sache der

Kirche, sondern des als Bürger engagierten Christen. Ihm obliegt es zugleich, durch sein konkretes, brüderliches Verhalten dem politisch Andersdenkenden gegenüber die Freiheit des Christen für die Welt zu bezeugen. Zudem gewinnt man den politischen Gegner nicht, indem man ihn beschimpft, sondern indem man sich ihm gegenüber als vertrauenswürdig erweist, ihn als Menschen schont, auch wenn man in der Sache hart verhandeln muß.

III

Daß auf dem ganzen Welttheater eine Umkehr geboten ist, bedarf nach den hier angesprochenen Bereichen und Praktiken kaum zusätzlicher Nachweise. Wohl aber bleibt zu fragen, unter welchen Bedingungen die Kirchen wie die Christen zur Ausübung der ihnen aufgetragenen Sendung in der Lage sind. Gilt es dabei erneut zu betonen, daß das Ernstnehmen des eigenen Glaubens in einem tatsächlichen christlichen Leben in einer Zeit der allzu vielen Worte die größte Überzeugungskraft besitzt, darf darüber doch nicht übersehen werden, welche Bedeutung der Fähigkeit oder Unfähigkeit der Kirchen wie der einzelnen Christen zukommt, klar und eindeutig zu sagen, welchen Sinn ihre Rede von Gott besitzt, wie sich christliches von außerchristlichem Reden von Gott unterscheidet und was eigentlich der Inhalt der christlichen Hoffnung ist.

Gewiß haben sich Theologie und Kirche zu allen Zeiten um die Wahrnehmung dieser Aufgabe bemüht. Da sich der christliche Glaube an einem Innewerden Gottes angesichts des Geschickes des geschichtlichen Menschen Jesus von Nazareth entzündet und ausrichtet, dies aber nur dank der doppelten Vermittlung durch das Zeugnis der Schrift und durch seine lebendige Wiederholung durch die Kirche möglich ist, ist der christliche Glaube anders als jede Natur- oder Gesetzesreligion und anders als die Mystik seinem Wesen nach denkender Glaube, das Christentum notwendig eine denkende Religion. Er hat das Zeugnis der Schrift und der Väter zu hören, um dann seinen Glauben heute in eigenster Verantwortung und nach bestem Wissen und Gewissen denkend auszulegen. Eben daher kann er sich weder bei den von den Verfassern der Schrift noch bei den von den Kirchenvätern gebrauchten Formeln und Formulierungen beruhigen, sondern muß er beider Zeugnis vor seinem eigenen Denken und seiner eigenen Erfahrung rechtfertigen. Durch diese immer erneute Pflicht zur Vergegenwärtigung sichert sich der Glaube vor dem Verfall zur Ideologie. Der christliche Glaube wird aber, statt die »Welt« von ihren Ideologien zu befreien, selbst zur Ideologie, wenn er die Verantwortung für seine denkende Selbstauslegung preisgibt und statt dessen das Glaubenszeugnis der Schrift in seinen nebenbei ganz unterschiedlichen weltbildlichen Zeitstellungen zu einem vermeintlich überzeitlich gültigen Weltbild harmonisiert, seine Annahme zur Bedingung der Christlichkeit erklärt – und damit jedem redlich denkenden und normal empfindenden Menschen von auch nur einiger Bildung am Ende ein mitleidvolles Kopfschütteln abnötigt.

Christlicher Glaube besteht dem Gesagten gemäß offenbar weder im Fürwahrhalten längst überholter kosmogonischer oder kosmologischer Vorstellungen, noch in dem von Erzählungen über paranormale, über den Abgrund der Zeit hinweg kaum zu kontrollierende Ereignisse. So hängt er nicht daran, ob man an Geister oder Dämonen glaubt. Seine Grundeinsicht wird sich am Ende überhaupt als sehr einfach erweisen und in einer Auslegung des mehrfach angesprochenen Gottvertrauens bestehen. Auch die christliche Vermittlung des Absoluten durch das Relative läßt am Ende den Abstand und Unterschied zwischen beidem unangetastet und damit Gott die ihm allein zustehende Ehre. Bei einer Botschaft, die zur Rettung aller Menschen von ihrer Verzweiflung, Angst und Hoffnungslosigkeit bestimmt ist, kann es sich schließlich sachgemäß auch gar nicht anders verhalten, als daß es sich bei ihr um eine einfache Wahrheit handelt. Vermutlich schützt den Glauben die Konzentration auf diese einfache und wesentliche Wahrheit besser als alle noch so gut gemeinten Versuche, ihr durch Anleihen bei der mythisch-magischen Welt der Vergangenheit oder schlimmer noch bei modischen Trends aufzuhelfen, davor, übersehen oder verkannt zu werden. – Wenn die Bibel zu einem Zettelkasten wird, der die jeweiligen Lieblingsideen der Theologen oder ihrer Zeitgenossen legitimieren soll, ist es jedenfalls um ihre normierende Kraft für den Glauben geschehen. Christlicher Eklektizismus führt die Kirche nicht aus ihrer Sackgasse heraus.

Die Reformatoren erkannten Christus als die Mitte der Schrift. Ihre und zumal Luthers Grunderfahrung von der Rechtfertigung des Sünders durch das Evangelium von dem gekreuzigten Christus als Gottes Vergebungstat und ihrer Gegenwart im gepredigten Christus bot dazu die Auslegungsformel. Scheint ihre Frage, wie bekommt der Mensch einen gnädigen Gott, samt der ihren Hintergrund bildenden Höllenangst des spätmittelalterlichen Menschen heute vergangen und nicht mehr unsere Frage zu sein, so brauchen wir sie nur dahingehend zu modifizieren, wie wir mit unserem Leben und seiner Angst fertig werden, um zu entdecken, daß die Thematik der Reformation und vor ihnen der Kirchenväter und schließlich des Apostels Paulus und der Bibel noch immer die unsere ist. Der Mensch wechselt im Laufe seines Lebens gar oft seine Moden und seine Kleider. Nicht anders ist es mit der Menschheit und ihrem Zeitstil. Mag denn auch der Mensch an Helle des Bewußtseins und Klarheit seiner Einsicht in seine eigentümliche Stellung im Kosmos gewonnen haben, so ist er doch trotzdem noch so sehr der gleiche, daß ihn die durch all ihre Wandlungen mit sich selbst identische christliche Botschaft auch heute und gerade heute noch angeht, eine Botschaft, die ihn frei von seiner Angst und seinen Ängsten für die Wahrnehmung seiner Pflicht und die Ausübung seiner Vernunft machen will. Sie ist demnach gewiß keine Ideologie, sondern die Anleitung zu ihrer permanenten Überwindung.

KAPITEL 2

Die Ideologisierung des Glaubens an Gottes Gerechtigkeit im Alten Testament

I

Ideologien sind menschliche Versuche, das Ganze oder wichtige Ausschnitte von Welt und Leben zu deuten und so verbindliche Handlungsanweisungen zu gewinnen. Ihre Absicht ist, den Menschen von der grundlegenden Irritation durch die Ungesichertheit seiner Existenz angesichts der Verschlossenheit der vor ihm liegenden Zukunft zu befreien und so zu einem sinnvollen Handeln anzuleiten. Wir haben im vorausgehenden Kapitel erklärt, daß beides wesentlich zum Menschsein gehört und als Herausforderung zum Gottvertrauen verstanden und bestanden werden muß. Dabei gingen wir von der Voraussetzung aus, daß die Sicherheit, welche die Ideologien dem Menschen verleihen, trügerisch ist, weil sie angesichts der für den Menschen prinzipiell bestehenden Verschlossenheit der Zukunft nicht leisten kann, was sie verspricht. Die Zahl der sie gestaltenden Faktoren ist zu groß und der Mensch zu sehr in seine Situation eingebunden, als daß er sie überschauen und eine lückenlose Rechnung aufmachen könnte. Eben deshalb haftet allem menschlichen Handeln ein Wagnischarakter an, sind immer mehrere Beurteilungen der Lage möglich, so daß niemand den Anspruch erheben kann, ein Patentrezept zu besitzen. Demgemäß sind wir auf den Dialog darüber angewiesen, was zu tun und was besser zu lassen ist, weil zu hoffen steht, daß im gemeinsamen Hinblick auf die zur Lösung anstehende Aufgabe krasse Fehldeutungen ausgeschlossen werden und der am ehesten zu verantwortende Weg gefunden wird. Auf dieser Grundeinsicht beruht denn auch zu einem ganz wesentlichen Teil die demokratische Willensbildung in den Parlamenten, wie wir selbstverständlich in unserem Alltag von ihr Gebrauch machen. Sie führt den einzelnen zur Bescheidenheit und trägt damit wesentlich zu seiner Gemeinschaftsfähigkeit und zum sozialen Frieden bei.

II

Trotzdem beunruhigt den Menschen sein Status in der Welt, auch wenn er sich eingestehen kann, daß er dem grundsätzlichen Lebensrisiko die ihn wachhaltende innere Spannung verdankt. Wäre unser ganzes Leben wie der Produktionsvorgang in einer automatisierten Fabrik geregelt, wäre es vor Langeweile unerträglich. Daher wünscht keiner von uns die positive Folge der Unüberschaubarkeit des Daseins mit ihren uns erfreuenden Zufällen aufgehoben. Aber wir fürchten uns zugleich vor den negativen und schlössen gern einen Pakt mit dem Schicksal, der uns vor ihnen bewahrt, und das nicht erst seit gestern und heute.

Demgemäß suchten die Menschen in den uns bekannten Kulturnationen schon vor tausenden von Jahren, mit den Göttern zu einer entsprechenden Übereinkunft zu gelangen, die ihnen ein langes und glückliches Leben sichern sollte. Wenn die Götter väterliche Herrscher sind, dann müssen sie sich auch als solche verhalten und die ihnen geleisteten treuen Dienste belohnen. War z. B. der König Stellvertreter Gottes auf Erden, von ihm zu gerechter Herrschaft berufen, so mußte eigentlich sein dem Willen des Gottes gemäßes Regiment nicht nur sozialen Frieden im Land, sondern auch äußerlich friedliche Zeiten und Fruchtbarkeit der Felder gewähren, vgl. Psalm 72. Ging die Rechnung nicht auf, konnte man im Rahmen des Polytheismus, des Vielgötterglaubens, eine Störung durch einen anderen Gott oder schließlich im privaten Bereich durch Schadensdämonen geltend machen. Zudem behielten die Launen eines Herrschers immer etwas Unberechenbares, so daß man zusätzlich versuchen konnte, ihn durch besondere Leistungen gnädig zu stimmen.

Das Volk der Bibel, Israel, partizipierte grundsätzlich an solchen Vorstellungen und Erwartungen. Aber dank des ihm eigenen, jedenfalls in der zweiten Hälfte des letzten Jahrtausends v. Chr. verbindlichen Monotheismus, der jede Wirkung auf Jahwe zurückführen hieß, erfuhren bei ihm die religiösen Probleme der Umwelt eine Zuspitzung. Wenn die religiöse Gleichung nicht aufging, wenn Heil und Leben ausblieben, dann konnte man sich hier keineswegs auf die Durchbrechung des Willens des Stadtgottes durch einen anderen Gott berufen, sondern mußte nun die Schuld bei sich selber suchen. Das führte unter dem Eindruck des Zusammenbruches der beiden alttestamentlichen Königreiche, des Nordreiches von Israel und zumal des Jerusalemer Reiches der Davididen im ersten Drittel des 6. Jh. v. Chr. zu einer fortschreitenden Ideologisierung des Glaubens und zugleich zu einem unerhörten, das Judentum für alle Zukunft prägenden ethischen Rigorismus. Diese Entwicklung zu kennen und in ihren Grundzügen zu verstehen, ist nicht nur eine Sache für den Religionshistoriker oder Religionssoziologen, weil sich in ihrem Verlauf die Gedankenwelt formierte, in die das Neue Testament eintrat und mit der es sich in Anknüpfung und Widerspruch auseinandersetzte. Da die Kirche aus guten Gründen die heilige Schrift des Judentums, die Bibel Jesu und zunächst auch der ersten Christenheit beibehielt, so daß das Alte Testament auch heute noch Teil der christlichen Bibel bildet, ist es vor allem wichtig, daß der Christ selbst zwischen dem, was das Alte Testament, und zwischen dem, was das Neue Testament über die Gerechtigkeit Gottes und des Menschen lehrt, zu unterscheiden weiß, weil er sonst in seinem Glauben irre wird, wenn ihn schwere Schicksalsschläge treffen und er sie nicht mit seinem Leben vor Gott zusammenzubringen vermag.

Es ist zu vermuten, daß nicht nur der Zusammenstoß zwischen den Weltbildern der Bibel und dem Weltbild der Naturwissenschaften in den letzten Jahrhunderten zur Entchristlichung des Abendlandes beigetragen hat, sondern ebenso das vermeintliche Versagen eines alttestamentlich mißverstandenen christlichen Glaubens in ihren immer wieder von Kriegen erschütterten Zeiten. Es reicht dann nicht aus, den Menschen die Bibel als Gottes Wort in die Hand zu geben, sondern man muß ihm dann auch dazu verhelfen, sie von ihrer christlichen Mitte her zu verstehen und am Ende zu sagen, was mit der Rede vom Worte Gottes gemeint ist. Sonst verliert er in dem ebenso großartigen wie in seinen einzelnen Teilen nicht leicht zu verstehenden Buch die Orientierung. Weil Luther diese Schwierigkeit sah, schrieb er seinerzeit den Katechismus und wies die Gemeinde vor allem auf die Predigt, in der die lebendige Stimme des Evangeliums erklingt und die recht zu verstehen es keiner Gelehrsamkeit bedürfen sollte.

Die hier ins Auge zu fassende Ideologisierung des alttestamentlichen Glaubens besteht kurz gesagt darin, daß die alte religiöse Zusammenbindung von Gerechtigkeit und Leben zu einem Gesetz erhoben wurde, das keine Ausnahme zuläßt und mithin auch das Leiden des Unschuldigen entweder als notwendige Prüfung und Läuterung deuten oder aber überhaupt leugnen muß. Diese Zuspitzung des Glaubens vollzog sich vor allem im Schatten des seit dem Exil zunehmend an Bedeutung gewinnenden Gesetzes, dessen Entstehung und Durchsetzung kritischer Einsicht gemäß denn auch nicht in die Anfänge Israels in der Mosezeit, sondern in die letzten Jahrzehnte der Königszeit und mehr noch die ihnen folgende exilisch-nachexilische Epoche gehören. Das Gesetz, — wenn wir der Prägnanz halber und durchaus in Übereinstimmung mit seiner Wirkungsgeschichte so zusammenfassend von der in sich literarisch überaus vielschichtigen Größe der fünf Mosebücher sprechen dürfen –, verhieß dem gehorsamen Israel einen umfassenden, bis in Küche und Keller reichenden Segen, dem ungehorsamen stellte es aber alle nur denkbaren Nöte bis hin zur Exilierung in Aussicht. Allerdings sollte dem verbannten und in alle Welt zerstreuten Volk durch Jahwe, seinen Gott, die Rückkehr in die

Heimat beschert werden, wenn es sich in der Ferne zum Gehorsam gegen die göttlichen Weisungen bekehrte, 5 Mose 28–30.

Es ist verständlich, daß diese Segensverheißungen und Fluchandrohungen bei fortschreitender, aber noch immer nicht die Erlösung Israels bringender Zeit mit dem alten Schutzgottglauben des einzelnen zusammengesehen und demgemäß individualisiert wurden. Der alte Schutzgottglauben verhieß den Getreuen des Gottes Heil und Leben. Ließ nun die Erlösung Israels auf sich warten, so konnte es doch nicht anders sein, als daß sich Segen und Fluch des Gesetzes ebenfalls unmittelbar am einzelnen auswirkten. Entsprechend heißt es im 1. Psalm:

»Glücklich der Mann,
der nicht im Rat der Frevler wandelt,
Noch auf dem Weg der Sünder steht,
noch auf dem Sitz der Spötter sitzt,
Sondern dem Jahwes Weisung wohl gefällt,
so daß er seine Weisung murmelt tags und nachts.
Er gleichet einem Baum, verpflanzt an Wassergräben,
der seine Frucht zu seinen Zeiten spendet
Und dessen Laub nicht welkt,
denn alles, was er tut, gerät ihm wohl.
So geht's den Frevlern nicht, so nicht;
sondern sie gleichen vom Wind verwehter Spreu.
Daher bestehen die Frevler nicht im Gericht
noch Sünder in der Versammlung der Gerechten;
Denn Jahwe kennt den Weg der Gerechten,
aber der Frevler Weg vergeht.«

Die lebenserfahrenen, die Sprüche der Väter bewahrenden, sichtenden und weitergebenden »Weisen« stimmten darin überein, daß die Gleichung von Gerechtigkeit und Leben immer aufgeht. So heißt es Sprüche 11,21:

»Die Hand darauf, daß der Böse nicht straflos bleibt;
doch ›wer Gerechtigkeit säte‹, geht frei aus.«

Oder Sprüche 13,9:

»Das Licht der Gerechten ›leuchtet auf‹,
aber die Lampe der Frevler verlischt.«

Aus den Häusern der Gerechten schimmert nachts traulicher
Lampenschein, während die Häuser der Gottlosen dunkel
und ausgestorben daliegen.

Einen eindrucksvollen Ausdruck hat dieser Glaube an
Gottes unbedingte, individuelle Gerechtigkeit in einem Zu-
satz zu der alten Sage vom Untergang von Sodom und Go-
morra gefunden. 1. Mose 18,16ff. läßt der Erzähler Jahwe,
der den Erzvater Abraham zusammen mit zwei Engeln zunächst unerkannt besucht hatte, während ihm der Patriarch
beim Aufbruch das Ehrengeleit gab, seine Absicht mitteilen,
nachzusehen, ob die Klagen über die Sündhaftigkeit der beiden Städte berechtigt seien. Das ist angesichts der Allwissenheit Gottes sicher ein sehr anthropomorpher Zug, ersonnen,
um seine unbedingte Gerechtigkeit einzuprägen. Der Erzvater gibt sich freilich mit der Kunde nicht zufrieden, sondern
verwickelt Gott in ein Gespräch, in dem er ihm ganz im Sinne
des nachexilischen Vergeltungsglaubens die Frage stellt, ob er
etwa den Gerechten mit dem Gottlosen dahinraffen wolle.
Vielleicht gäbe es doch fünfzig Gerechte in der Stadt, so daß
er sie um ihretwillen verschonen müsse: »Fern sei es von dir,
so zu handeln, den Gerechten mit dem Gottlosen zu vertil-
gen, so daß es dem Gerechten und dem Gottlosen gleich er-
ginge; fern sei es von dir. Sollte der Richter der ganzen Erde
nicht das Recht verwirklichen?«, V. 25.

Jahwe läßt sich auf den Vorschlag Abrahams ein, der nun
jedoch mit zunehmender Bedenklichkeit die Zahl der Gerechten, an denen die Verschonung der Stadt hängt, von fünfzig auf zehn heruntergehandelt. Nicht einmal zehn Gerechte

fanden sich also in den zum Sprichwort gewordenen, von Gott vernichteten Städten.

Das Interesse des Erzählers haftet nicht speziell am Schicksal der sagenhaften, im Toten Meer versunkenen Städte, sondern an dem Problem der in der Vergangenheit von den Gottesgerichten getroffenen Städte. Dabei darf man getrost unterstellen, daß ihm dabei vor allem das Schicksal Jerusalems am Herzen lag, das durch Jahwes Strafgericht erobert und zerstört war:

>Getan hat Jahwe, was er geplant,
vollstreckt sein Wort,
wie er es vor Zeiten entboten.

Erbarmungslos riß er nieder
und ließ den Feind über dich frohlocken,
gab Stärke deinen Bedrängern«,

heißt es im 2. der sog. Klagelieder Jeremias, in dem dann die Jungfrau, Tochter Zion, selbst auftritt, um vorwurfsvoll und flehend die Hände gen Himmel zu recken:

>Ach, Jahwe, sieh und schaue doch!
Wem sonst hast du solches getan?
Darf eine Frau ihr Kind verzehren,
das heil geboren?
Darf man im Heiligtum des Herrn
Priester und Propheten morden?

Es liegt in den Straßen am Boden
Knabe und Greis.
Meine Jungfrauen und Mannen
fielen durch das Schwert.
Du hast gemordet am Tag deines Zornes,
hast ohne Erbarmen geschlachtet.

Du beriefst wie am Festtag von ringsher
die, vor denen mir graute.
Da war keiner am Tage, da Jahwe gezürnt,
der entkam und entrann.
Die ich heil gebar und großzog,
hat mein Feind vernichtet!«

War Gottes Gericht an Jerusalem, an den vielen Städten in Juda im Sinne des neuen Glaubensdenkens gerecht? »Keine Sorge!« versichert der Erzähler: Keiner, der schuldlos war, kam um! Die Jerusalemer, die damals gestorben, waren eben, wie es sich ebenfalls ein Nachgeborener zurechtlegte, einem Korb voller schlechter Feigen gleich, die zehn Jahre vorher von Nebukadnezar nach Babylon Deportierten dagegen einem Korb voller guter, Jeremia 24. Oder noch einmal anders gewendet: Jerusalem glich einem rostigen Topf, der trotz des Glühens und des Brennens seinen Rost nicht verlor, der aber gemäß seiner Unreinheit den Untergang verdient hatte, Hesekiel 24,6ff. Und ganz im Sinne des im gleichen Buch im 18. Kapitel nachgetragenen Grundsatzes, daß es vor Gott keine Sippenhaft und keinen Geschlechterfluch gibt, sondern jeder für seine eigene Schuld stirbt, hat ein Bearbeiter in der Vision von der Heimsuchung Jerusalems in Kapitel 9 den himmlischen Schreiber eingefügt, der vor den Vernichtungsengeln her in die Stadt einzieht, um die Stirn derer zu kennzeichnen, die unter den in ihr verübten abgöttischen Greueln gelitten hatten, um sie so vor den Würgern zu bewahren.

Der heutige Leser hat, die Erfahrung der beiden Weltkriege, des Holocaust und einer unübersehbaren Kette von Martern und Morden im Gedächtnis, gegenüber solcher Retrospektive sehr begründete Vorbehalte. Fallen in den Kriegen denn immer die Schlechtesten? Treffen die Bomben die Schuldigen? Worin besteht die Schuld der Kinder? Und womit haben ganze Völker ihre Existenz verwirkt?

Der Erzähler war von der Richtigkeit seiner Voraussetzung so durchdrungen, daß er solche Fragen zum Schweigen bringen wollte. Sollte der Glaube an Gottes unbedingte, jedem Menschen das Seine zukommende Gerechtigkeit im Volke Fuß fassen, so durfte kein Zweifel daran bestehen, daß Gottes Gerichte schon immer diesem Grundsatz gefolgt waren. In dem vergleichbaren Interesse, die Überlebenden der Katastrophe des judäischen Reiches aus ihrer Hoffnungslosigkeit zu reißen und ihnen Mut zum Gottvertrauen zu machen, hatte alsbald nach dem großen Unglück der Kreis der sog. Deuteronomisten in dem vom 5 Mose 1 bis 2 Könige 25 reichenden Sammelwerk betont, daß alle Niederlagen des Volkes während seiner langen Geschichte und so auch die letzte die Folge des Abfalls und Ungehorsams gegen Gottes Willen gewesen waren. Aus dem vergleichbaren Interesse, die individuelle Gerechtigkeit Gottes in der Geschichte nachzuweisen, hat in der Spätzeit der sog. Chronist die Geschichte des davidischen Reiches noch einmal erzählt, obwohl sie bereits in den Büchern Samuel und Könige nachzulesen war. Nun wurden die zu Idealgestalten herangewachsenen Könige David und Salomo, unter denen das Volk seine politische Blütezeit erlebt hatte, von jedem Flecken gereinigt und andererseits gezeigt, wie sich der Gehorsam und der Ungehorsam der Könige unverzüglich in Sieg oder Niederlage, Gesundheit oder Tod manifestierte, vgl. z. B. 2 Chronik 14–16 mit 1 Könige 15,9–24; oder 2 Chronik 33,1–20 mit 2 Könige 21,1–18 oder signifikant und knapp 2 Chronik 35,20–24 mit 2 Könige 23,29–30. In welchem Umfang dem Chronisten bei dieser Neuerzählung auch neue Quellen zur Verfügung standen, ist umstritten. Wir sollten ihn, wenn wir dies mit guten Gründen verneinen, nicht der Geschichtsfälschung bezichtigen und damit einen Maßstab an seine Arbeit legen, der ihm vollständig fremd war. Die alttestamentlichen Geschichtserzählungen sind ja ihrem Wesen nach nicht einfach an der Frage interessiert, wie es einmal gewesen ist, sondern sie schreiben eine pragmatische Geschichte zu Nutz und Frommen ihrer Leser und ihrer eigenen Zeit. Demgemäß haftet ihren Darstellungen allen etwas vom Charakter einer Geschichtspredigt an.

Zu den bekanntesten Psalmen gehört zweifellos der 37. Sein 5. Vers hat Paul Gerhardt das Thema für den Choral »Befiehl du deine Wege …« gegeben, und sein 7. lebt in der unvergleichlich zarten Altarie »Sei stille dem Herrn …« in Mendelssohns »Elias« weiter. In ihm findet der Glaube an Gottes, jedem das Seine gebende Gerechtigkeit wohl seinen vollendetsten Ausdruck im ganzen Alten Testament:

> »Erhitze dich nicht über die Bösen,
> beneide nicht die Übeltäter;
> Denn sie welken schnell wie Gras
> und schwinden wie junges Grün.
> Vertraue auf Jahwe und tue Gutes,
> dann wohnst du im Lande und weidest geborgen.
> Habe an Jahwe deine Freude,
> so gibt er dir, was dein Herz verlangt.
> Wälze auf Jahwe deine Wege
> und traue auf ihn, denn er wird es tun.
> Er läßt dein Recht wie das Licht aufgehen
> und deine Gerechtigkeit wie die Mittagshelle.
> Sei stille in Jahwe und warte auf ihn.
> Erhitze dich nicht über den, dem sein Weg gelingt,
> über den Mann, der Ränke schmiedet.
> Lasse das Zürnen und stehe ab vom Groll.
> Erhitze dich nicht, es schadet ja nur!
> Denn die Bösen werden ausgerottet,
> doch die auf Jahwe harren, das Land besitzen.
> Nicht lange mehr, dann ist der Frevler dahin,
> du achtest auf seinen Ort, er ist nicht mehr da.
> Doch die Demütigen werden das Land besitzen
> und sich der Fülle des Heils erfreun!
> Faßt der Frevler gegen den Gerechten Pläne
> und knirscht mit den Zähnen wider ihn,
> Lacht der Herr über ihn,
> denn er weiß, daß sein Tag kommt.
> Die Frevler zücken das Schwert

und spannen ihre Bogen,
Den Demütigen und Armen zu fällen,
abzuschlachten die Rechtgesinnten.
Ihr Schwert dringt in ihr eigenes Herz,
und ihre Bogen werden zerbrochen.
Das Wenige des Gerechten ist besser
als der ›große‹ Reichtum der Frevler.
Denn der Frevler Arme werden zerbrochen,
doch Jahwe steht dem Gerechten bei.
Jahwe kennt der Rechtschaffenen Tage,
und ihr Erbe wird immerdar bleiben.
Sie werden nicht zuschanden zur bösen Zeit
und satt in den Tagen des Hungers.
Ja, die Frevler kommen um
und Jahwes Feinde –
Wie die besten Weiden im Rauche
enden, enden auch sie.
Der Frevler leiht und kann nicht bezahlen,
doch der Gerechte ist gütig und gibt.
Denn die Er segnet, werden das Land besitzen,
doch die Er verflucht, werden ausgerottet.
Von Jahwe stammen die Schritte des Mannes,
wessen Weg ihm gefällt, den läßt er bestehn.
Fällt er, so wird er nicht hingeworfen,
denn es stützt Jahwe seine Hand.
Ich war jung und bin alt geworden,
doch einen Gerechten sah ich niemals verlassen
noch seinen Samen betteln um Brot.
Immer kann er gütig sein und leihen,
daß sein ›Name‹ zum Segen wird. –
Meide das Böse und tue das Gute,
dann bleibst du für immer wohnen!
Denn Jahwe liebt das Recht
und wird die ihm Treuen nicht verlassen.
›Die Frevler werden‹ für immer ›vertilgt‹
und der Same der Gottlosen ausgerottet.

Die Gerechten werden das Land besitzen
und werden für immer auf ihm wohnen.
Der Mund des Gerechten spricht Weisheit,
und seine Zunge redet, was recht ist.
Das Gesetz seines Gottes ist in seinem Herzen,
›so daß‹ seine Schritte nicht wanken.
Der Frevler lauert dem Gerechten auf
und sucht ihn zu töten.
Doch Jahwe überläßt ihn nicht seiner Hand,
läßt ihn nicht verdammen, wenn man ihn richtet.
Hoffe auf Jahwe
und bewahre seinen Weg,
So wird er dich erhöhen, das Land zu besitzen,
an der Frevler Ausrottung wirst du dich weiden.
Ich sah einen Frevler, ›der triumphierte‹,
›hochgereckt wie eine Libanonzeder‹.
›Ich ging vorüber‹, er war nicht mehr da,
da suchte ich ihn, er war nicht mehr zu finden.
Gib auf den Rechtschaffenen acht und sieh den Auf-
richtigen an,
denn eines solchen Mannes Zukunft ist Heil.
Doch die Abtrünnigen wurden sämtlich vernichtet,
die Zukunft der Frevler wurde vernichtet.
Aber der Gerechten Hilfe kommt von Jahwe,
er ist ihre Zuflucht zur Zeit der Not.
Jahwe half ihnen und errettete sie,
er wird sie erretten vor den Frevlern
und sie befreien, denn sie haben bei ihm Zuflucht
gesucht.«

Die deutsche Übersetzung kann die kunstvolle Form des al-
phabetisierenden, jeden 2. Vers mit dem entsprechenden
Buchstaben eröffnenden Psalms nicht wiedergeben. Sie ist
zugleich für die verhältnismäßig lose gedankliche Fügung des
Ganzen verantwortlich. Trotzdem prägen sich dem Leser
seine Grundgedanken ein: Wenn die Frevler über die Gerech-

ten triumphieren, die Gottlosen über die Frommen, sollen die Frommen auf Jahwe vertrauen und auf seine Hilfe warten. Sie wird gewiß auch weiterhin nicht ausbleiben und die Frommen belohnen und die Bösen bestrafen. Dabei versichert uns der zu den Weisen gehörende Dichter, daß er mit seiner Lebenserfahrung für die Richtigkeit seiner Lehre einsteht. – Das Land war offensichtlich von fremden Herren regiert, mit denen eine sich teilweise wenig um Jahwes Weisungen kümmernde Oberschicht kollaborierte, deren Angehörige hier als die Frevler, die Gottlosen, bezeichnet werden. Die Frommen halten sich dagegen von beiden zurück und sind mindestens dabei, sich als die Jahwetreuen, die Chassidim, zusammenzuschließen.

Sie hoffen darauf, daß Jahwe dem Treiben der Reichen ein Ende bereitet und so, wie er dem einzelnen hilft, ihnen allen das Land übereignet. Das Problem des unschuldigen Leidens kommt dabei als solches nicht weiter in den Blick, weil die Gewißheit der Gotteshilfe alles überstrahlt. – Wir stehen mit diesem Psalm zeitlich wohl nicht allzu sehr vom Ende der eigentlich alttestamentlichen Epoche entfernt und gewinnen hier einen Einblick, wie sich die Religionsparteien formieren, die dann in der großen Auseinandersetzung der Makkabäerzeit im zweiten Drittel des 2. Jh. v. Chr. zum Entscheidungskampf um die künftige Gestalt der jüdischen Religion antreten werden. Unsere Vermutung, daß wir mit dem Dichter des 37. Psalms zugleich einen Mann kennenlernen, der zu den Kreisen gehört, die wesentlich an der Auswahl der uns als Hebräische Bibel, als Altes Testament bekannten Schriften beteiligt waren, wird sich uns bestätigen, wenn wir uns im übernächsten Kapitel dem Ringen mit dem Problem der Undurchschaubarkeit des menschlichen Schicksals beschäftigen. Einem aufmerksamen Leser fällt auf, daß der Dichter in den letzten Versen des Psalms von der Zukunft der Gerechten in der Gegenwart, von der Zukunft der Frevler aber in der Vergangenheit spricht. Man geht kaum fehl, wenn man diesen Wechsel auf einen Bearbeiter aus der Makkabäerzeit zurückführt.

KAPITEL 3
Hiob
oder
»Wenn du krank wirst …«

I

Aus dem Abstand der Jahrhunderte mag man das im letzten Kapitel über die Ideologisierung des alttestamentlichen Glaubens an Gottes individuelle und unmittelbare Gerechtigkeit Gesagte lediglich als eine religionsgeschichtliche Seltsamkeit zu betrachten geneigt sein, die uns in unserem eigenen Leben kaum betrifft. Anders wird es, wenn wir uns vorstellen, daß wir selbst oder einer unserer Familienangehörigen, Freunde oder Nachbarn von einem schweren und vermutlich unheilbaren Leiden betroffen sind. Denn nach der eben dargelegten Überzeugung bleibt dann keine andere Möglichkeit, als es für selbstverschuldet und eine Strafe Gottes zu halten. Nun gibt es gewiß eine ganze Reihe von Erkrankungen, die man auf mangelnde Selbstkontrolle oder eine psychische Störung oder Fehlhaltung zurückführen kann. Ebenso sind bekanntlich nicht gerade wenige Verkehrsunfälle auf eigenes Verschulden, den Polizeiberichten nach sogar erschreckend häufig auf überhöhte Geschwindigkeit oder Trunkenheit zurückzuführen. Daher besteht kein Anlaß, daran zu zweifeln, daß es selbstverschuldete Erkrankungen gibt und dabei auch unser Gottesverhältnis mit im Spiel ist. Aber schon bei dem Beispiel des Verkehrsunfalls gibt es Bedenklichkeiten; denn die Verkehrsopfer bestehen ja nicht nur aus den Schuldigen. Ziehen wir weiterhin z. B. erbliche Leiden, ihrem Ursprung nach rätselhafte Erkrankungen des Leibes oder der Seele in unsere Überlegungen ein, wird deutlich, daß eine Doktrin, die dem Betroffenen zu seinen Leiden auch noch eine von ihm gar nicht nachzuvollziehende Schuld zuweist, unmenschlich und ihre vermeintliche Frömmigkeit überaus fraglich ist.

43

Diese Unmenschlichkeit wurde in alttestamentlichen Zeiten noch dadurch gesteigert, daß es keinesfalls als selbstverständlich galt, dem Leidenden liebende Fürsorge zuzuwenden, sondern daß man ihn als einen vermeintlich von Gott Geschlagenen sich selbst überließ und mied, um sich nicht mit einem Sünder gemein zu machen und dadurch Gottes Zorn auf das eigene Haupt zu lenken. Wir können uns die Verzweiflung eines Todkranken jener Tage vergegenwärtigen, wenn wir den Psalm 88 aufschlagen, dessen Beter einen letzten Versuch unternimmt, sein menschlich geurteilt aussichtsloses Schicksal zu wenden:

»Jahwe, du Gott meines Heils,
tagsüber schreie ich, nachts stehe ich vor dir.
Mein Flehen komme vor dein Antlitz,
neige dein Ohr meinem Rufen!

Denn ich bin gesättigt von Übeln,
und mein Leben ist der Unterwelt nahe.
Man zählt mich zu denen, die zur Grube fahren,
ich bin ein kraftloser Mann,
Ein zu den Toten Entlassener wie die Erschlagnen,
die im Gabe liegen,
Derer du nicht mehr gedenkst,
weil sie von deinem Walten getrennt.
Du hast mich in die unterste Grube versetzt,
in die dunkelsten Tiefen.
Es warf dein Grimm sich auf mich,
all deine Wogen ließt du mich treffen.
Entfremdet hast du mich meinen Vertrauten,
mich ihnen zum Greuel gemacht.
Gefangen ›bin ich‹ und kann nicht hinaus.
Mein Auge verschmachtet ob der Qual.

Alle Tage rief ich dich, Jahwe, an,
breitete zu dir meine Hände aus.

Tust du an den Toten Wunder,
oder stehen die Geister auf, dich zu preisen?
Erzählt man im Grabe von deiner Huld,
von deiner Treue im Totenreich?
Tut man in der Finsternis deine Wundermacht kund
und deine Gerechtigkeit im Land des Vergessens?

Ich aber schreie, Jahwe, zu dir,
mein Gebet ist schon morgens vor dir.
Warum, Jahwe, verstößt du mich,
verbirgst du dein Antlitz vor mir?
Elend bin ich und aus meiner Jugend gerissen,
›kraftlos‹ trage ich deine Schrecken.
Deine Gluten fuhren über mich,
deine Schrecknisse ließen mich verstummen.
Sie umfluteten mich immer wie Wasser,
schlugen allzumal über mir zusammen.
Entfremdet hast du mir Freund und Gefährten,
meine Vertrauten ›hältst du zurück‹!«

Die Unterweltsbilder, die Aufrufung der Grube, der großen
Unterweltzisterne, die sich unter der Tiefe des Meeres verborgen hält, in welche Ströme und Wellen den Toten hinab-
ziehen, während ihm das Bewußtsein schwindet, so daß ewi-
ges Vergessen und alsbald auch auf Erden Vergessensein sein
Teil ist, zu verstehen, bereitet kaum Schwierigkeiten: An der
Grenze seiner Kräfte angelangt, weiß sich der Kranke von
seinem Gott dem Tode preisgegeben, während ihn die Lebenden schon jetzt wie einen Toten ignorieren. Zur körperlichen
Qual kommt so der seelische Schmerz, vertieft durch die Ratlosigkeit, warum ihn Gott so leiden und, wenn er nicht im
letzten Augenblick sein verzweifeltes Rufen hört, sterben
läßt.

Demgegenüber wirkt es auf uns viel menschlicher, daß Hiobs Freunde ihn nicht verlassen, sondern ihn in seinem Leiden aufsuchen, um ihn zu trösten, Hiob 2,11–13. Sie muten uns, wenn wir lesen, wie sie schon bei seinem Anblick aus der Ferne zu weinen beginnen, sich zum Zeichen des Mitgefühls ihre Kleider einreißen und Staub auf ihr Haupt werfen, als rechte Freunde an, die in der Not nicht von dem Geschlagenen abrücken. Daß sie, statt selbst das Wort zu ergreifen und auf den in seiner Seele Müden einzureden, eine Woche schweigend neben ihm ausharren, so sein Leid ehren und Hiob die Anteilnahme durch ihre bloße Nähe bekunden, dünkt uns vorbildlich. Dabei bewundern und beneiden wir sie zugleich um ihre Freiheit, alle anderen Pflichten hintanzustellen und so viel Zeit für den Freund in seiner Not zu haben. Bliebe uns in der gleichen Lage mehr übrig, als einen Brief zu schreiben, Blumen zu senden oder einen genau bemessenen Besuch zu machen, weil es in der Regel beim besten Willen zu einem Mehr nicht reicht? Die alten Zeiten kommen uns da menschlicher vor, uns Europäern, die wir im Unterschied zu den Völkern des Orients niemals Zeit haben …

Bis dahin stimmen unsere Überlegungen. Aber wenn wir das 2. Kapitel umblättern und weiterlesen, wird es alsbald schwierig. Doch ehe wir es tun, schlagen wir besser erst den Anfang der Geschichte auf, damit wir das Weitere besser verstehen:

»Es war einmal ein Mann im Lande Uz, der hieß Hiob. Er war rechtschaffen, aufrichtig, gottesfürchtig und mied das Böse. Dem waren sieben Söhne und drei Töchter geboren. Sein Vieh bestand aus siebentausend Schafen und Ziegen, dreitausend Kamelen, fünfhundert Joch Rindern und fünfhundert Eselinnen. Außerdem besaß er zahlreiches Gesinde. Daher war jener Mann angesehener als alle Ostleute.

Seine Söhne pflegten Mahl zu halten, jeder in seinem Hause und an seinem Tage, und dazu auszusenden und ihre drei Schwestern einzuladen, mit ihnen zu essen und zu trinken. Wenn dann die Tage des Mahls um waren, schickte Hiob aus und heiligte sie, indem er sich früh aufmachte und Brandopfer nach ihrer aller Zahl darbrachte; denn Hiob sagte: ›Vielleicht haben sich meine Söhne versündigt und Gott in Gedanken verwünscht!‹ – So pflegte Hiob immer zu handeln.«

»Ein Glückskind!« sagt sich der Leser. Wenn wir bedenken, daß der König von Moab einst jährlich dem König von Israel die Wolle von 100000 Lämmern und 100000 Widdern als Tribut abzuliefern hatte, wird uns deutlich, daß der Mann, der – zählen wir sein Kleinvieh und seine Kamele zusammen – allein ein Zwanzigstel des Tributes eines ganzen Landes aufzubringen in der Lage gewesen wäre, zu den ganz Reichen gehörte. Dazu kommt die stolze, vollkommene Zahl von sieben Söhnen und drei Töchtern: Dem Mann fehlt nichts! Überdies ist er uns gleich im ersten Satz als rechtschaffen, aufrichtig und gottesfürchtig vorgestellt, als Mann, der nichts Böses tut, so daß wir ihm unwillkürlich sein Glück gönnen. Im 31. Kapitel können wir nachlesen, wie vorbildlich sozial er sich verhielt: Er brach in keine fremde Ehe ein. Er billigte selbst seinen Knechten und Mägden und d. h. – die Verhältnisse der damaligen Zeit in Rechnung gestellt – vor allem: seinen Sklaven ein eigenes, von Gott geschütztes Recht zu, wußte er doch, daß Herr und Sklave Geschöpfe des gleichen Gottes sind. Keinen, der Not litt oder der als Fremder ohne Herberge war, wies er von seiner Tür. Dabei war er zu anständig und gottesfürchtig, sich über das Unglück seiner Feinde zu freuen oder ihnen in ihren guten Tagen ein Unglück an den Hals zu fluchen. Hätte er bei sich einen Fehler gegenüber anderen entdeckt, so hätte er ihn nicht vertuscht. Kein Zweifel: so sieht ein rechtschaffener und gottesfürchtiger Mann aus, und wir wünschten, ihm selbst auch nur annähernd zu gleichen.

Wie ernst er seinen Gott und das Glück seiner Kinder nahm, geht daraus hervor, daß er in Rechnung stellte, seine Söhne könnten sich bei ihren gemeinsamen Gelagen in ausgelassener Jugendlaune in Gedanken gegen Gott versündigt haben. Daß sie es laut getan hätten, schied angesichts dieses Vaters offenbar von selber aus. Aber zur Sicherheit brachte er nach jedem dieser Feste für jedes seiner Kinder ein Brandopfer dar, um Gott zu versöhnen. Stimmte, was die Weisen lehrten, so müßte Hiob nach einem langen, ungetrübt glücklichen Leben von seinen nicht weniger glücklichen Kindern geliebt und betrauert sterben. Aber lesen wir, vorerst absichtlich die Verse mit den Himmelsszenen überspringend, weiter:

»Eines Tages aßen und tranken seine Söhne und Töchter Wein im Hause ihres erstgeborenen Bruders. Da kam ein Bote zu Hiob und sprach: ›Die Rinder waren beim Pflügen, und die Eselinnen weideten an ihrer Seite. Da fielen Sabäer ein, die raubten sie und erschlugen die Knechte mit dem blanken Schwert. Aber ich konnte mich retten, nur ich allein, um es dir mitzuteilen!‹

Während der noch redete, kam der nächste und sprach: ›Feuer ist vom Himmel gefallen, das hat das Kleinvieh und die Knechte verbrannt und sie verzehrt. Aber ich konnte mich retten, nur ich allein, um es dir mitzuteilen!‹

Während der noch redete, kam der nächste und sprach: ›Chaldäer stellten drei Haufen auf, zogen gegen die Kamele los, raubten sie und erschlugen die Knechte mit dem blanken Schwert. Aber ich konnte mich retten, nur ich allein, um es dir mitzuteilen!‹

Während der noch redete, kam der nächste und sprach: ›Deine Söhne und Töchter aßen und tranken Wein im Hause ihres erstgeborenen Bruders. Doch da kam ein gewaltiger Sturm aus der nahen Steppe und schlug gegen die vier Pfosten des Hauses, so daß es über die Jungen fiel und sie starben!‹

Da erhob sich Hiob, zerriß seinen Mantel, schor sich sein Haar und fiel anbetend zu Boden und sprach:
›Nackt bin ich aus meiner Mutter Leib gekommen und nackt kehre ich dorthin zurück.
Jahwe gab und Jahwe nahm.
Gepriesen sei Jahwes Name!‹«

Nein, die Rechnung der Weisen ist hier nicht aufgegangen. Aber die Größe Hiobs im Leid erschüttert uns. Der Mann, dessen Weidegründe wir uns nach den knappen Hinweisen des Erzählers am Rande des kultivierbaren Landes gegen die sich alsbald in die unermeßlichen Wüsten des Ostens verlierende Steppe hin vorstellen sollen, hat alles in einer Stunde verloren: Raubkarawanen aus Südarabien und aus dem südlichen Zweistromland, Sabäer und Chaldäer haben seine gewaltigen Großviehherden entführt. Und als ob ein Höherer seine Hand mit im Spiel hat, sind die Blitze vernichtend zwischen seine friedlich weidenden Schafe und Ziegen gefahren und hat schließlich ein Orkan oder Wirbelsturm das Haus seines Ältesten umgerissen, so daß es die dort zum fröhlichen Mahl versammelten Kinder alle unter sich begrub. Der vom Glück wie kein anderer begünstigte Mann aber wächst in der Stunde des Verlustes über sich hinaus, ein Beispiel der Gottesfurcht: Der Mensch hat keinen Anspruch auf sein Glück. Was er besitzt, ist Gottes Gabe. Ins Grab kann er nichts von dem, was er besitzt, mitnehmen. Und so preist er den Gott, der ihm einst all das, was er jetzt verlor, gegeben. Übermenschlich? Nein, menschlich blieb er trotzdem; denn er zerriß trauernd sein Gewand und schor sich im Schmerz das Haar. Aber dann betete er. Und als es ihn dann, wie es im 2. Kapitel steht, selber traf und seine eigene Frau ihn ermutigte, dem allen ein Ende zu machen und durch die Verfluchung Gottes seinen Tod zu erzwingen, antwortete er gelassen: »Wie eine Torin redest auch ›du‹. Das Gute nehmen wir von Gott, aber das Böse nehmen wir nicht?«

Nun sitzen also die Freunde Tag um Tag und Nacht um Nacht schweigend an seiner Seite, draußen vor dem Tor auf dem Aschenhaufen, dem Ort der »Aussätzigen«. Da bricht es endlich heraus aus ihm, ist es schließlich um seine Fassung geschehen, Kapitel 3:

>»Vernichtet sei der Tag, an welchem ich geboren,
>die Nacht, die sprach: Empfangen ist ein Mann!
>Es soll der Tag der Finsternis gehören,
>Gott soll von oben nicht mehr nach ihm fragen,
>und über ihm kein Morgenrot aufgehn!
>Ihn mögen Finsternis und Dunkel fordern,
>Gewölk sich senken über ihn,
>Verfinsterungen mögen ihn erschrecken!
>O möge jene Nacht die Dunkelheit verschlingen,
>sie soll sich nicht des Jahres Tagen zugesellen,
>noch trete sie zur Zahl der Monde ein!
>Ja, jene Nacht soll fruchtlos bleiben,
>kein Jubel möge sie erreichen!
>Es sollen ›Meerverflucher‹ sie verhexen,
>die es verstehn, den Liwjatan zu wecken!
>Es mögen sich die Sterne ihrer Dämmerung verfinstern,
>umsonst soll sie das Licht erwarten
>und des Frührots Wimpern nicht erblicken,
>Weil sie des Schoßes Pforten mir nicht verschloß
>und meinen Augen nicht das Licht verbarg!

>Was bin ich nicht vom Schoße weg gestorben,
>trat aus dem Mutterleibe und war tot!
>Was nahmen Knie mich entgegen
>und wozu Brüste, daß ich sog!
>Dann läge ich und wäre stille,
>schliefe und hätte meine Ruh –
>Wie Könige und Räte dieser Erde,

die Pyramiden sich gebaut.
Oder wie Fürsten, welche schwer an Gold,
die ihre Häuser sich mit Silber füllten.«
Dort lassen die Frevler ihr Toben sein,
dort finden die Erschöpften Ruhe.
Die Gefangenen feiern allzumal,
sie hören keines Treibers Stimme.
Die Kleinen und Großen – dort sind sie gleich,
und der Sklave ist frei seines Herren!

Warum ›wird‹ den Beladenen Licht ›gegeben‹
und Leben den verbitterten Seelen,
Die den Tod ersehnen, ohn' daß er kommt,
und ihn mehr als Schätze suchen;
Die sich über einen ›Steinhaufen‹ freuten,
die jubelten, fänden sie ein Grab;
Dem Manne, dem sein Weg verborgen ist,
weil Gott ihm den Ausgang versperrte?
Ja, was ich gefürchtet, das kam über mich,
und wovor mir graute, das traf bei mir ein.
Ich finde weder Frieden noch Rast
noch Ruhe, denn es kam Ungemach!«

Der Gegensatz zu dem Hiob der beiden ersten Kapitel ist so
gewaltig, daß die Forscher annehmen, daß die Erzählung von
dem bewährten Dulder und der hier einsetzende Dialog mit
den Freunden nicht von der gleichen Hand stammen und zunächst getrennt umgelaufen sind. Das hat in der Tat alle
Wahrscheinlichkeit für sich, zumal auch die drei, hier auftre-
tenden Freunde nicht aus dem Ostland, sondern aus Edom
und dem Südosten zu stammen scheinen, so daß dem Dichter
ein anderer Schauplatz als dem Erzähler vorzuschweben
scheint. Selbst die Himmelsszenen der beiden ersten Kapitel
dürften erst von einer jüngeren Hand eingeführt worden sein,
vielleicht anläßlich der Verbindung der Dichtung mit der Erzählung. Letzte Sicherheit ist freilich in diesen Fragen nicht

mehr zu erreichen. Für den Augenblick können wir das Problem der Entstehung des ganzen Buches auch auf sich beruhen lassen. Wir nehmen statt dessen die uns nach dem eben Gesagten nicht mehr irritierende Veränderung Hiobs zur Kenntnis: Statt sich demütig in sein gottgefügtes Schicksal zu ergeben, verwünscht er den Tag seiner Geburt, ja selbst die Nacht, in der er empfangen ward. Beide sollen künftig aus dem Kalender gestrichen werden, der Tag, indem es an ihm dunkel bleibt, ausfallen, die Nacht, indem ihr kein Morgenrot scheint. Am liebsten würde sie Hiob durch Zauberer, die den alten Meeresdrachen, den Liwjatan, aufzustören wissen, aus dem Kreislauf der Tage und Nächte ausschließen. Anders als uns erschienen beide dem Dichter und seinen Zeitgenossen offenbar nicht als bloße Folge von Gestirnbewegungen, sondern als eigene Wesenheiten mit ihren Qualitäten.

Aber kehren wir zu unserem eigentlichen Thema zurück: Diese Verwünschungen sind Ausdruck der Verzweiflung am eigenen, so tief gestürzten Lebens. Am besten wäre ihm geschehen, er wäre nie geboren oder doch gleich bei oder nach seiner Geburt gestorben; denn dann wären ihm seine hoffnungslosen Qualen erspart geblieben und er läge nun still in seinem Grabe. Der alle gleich machende, jeden von seinen irdischen Banden befreiende Tod erscheint ihm in seiner Hoffnungslosigkeit als das letzte und einzig erstrebenswerte Ziel.

Seine abschließende Klage, warum Gott Menschen, die keine andere Hoffnung mehr besitzen und denen angesichts ihrer Qualen das Grab als Stätte der Erlösung vorschwebt, den Tod vorenthält, vermeidet es zunächst, unmittelbar von Gott zu reden. Sie führt ihn erst ohne Umschreibung ein, wenn sie des Schicksalslenkers gedenkt, der die Leidenden in ihre aussichtslose Lage gebracht hat. So besteht hier wie in der Erzählung kein Zweifel daran, daß menschliches Leid gottgesandtes Leid ist. Aber anders als in dem folgenden Streitgespräch zielt die hier erstmals laut werdende Frage nach dem

Warum nicht auf die Ursache des Leidens, sondern auf ihre Länge ab. Erst die Freunde werden Hiob dazu bringen, auch die andere Frage zu stellen.

V

Sie ergreifen nun der Reihe nach, in dreimaligem Redegang das Wort. Die Reihenfolge ihres Auftretens gibt uns zugleich einen Hinweis auf ihr Alter: Erst spricht Elifaz aus Theman, einer durch ihre Weisen berühmten edomitischen Stadt, Jeremia 49,7; dann Bildad aus Schuach und zuletzt Zofar aus Naama, unterbrochen jeweils durch Hiobs Antwort, vgl. Kapitel 4–27(28).

Es ist hier nicht der Ort, diesen Reden auch nur annähernd vollständig zu folgen. Wir beschränken uns statt dessen darauf, am Beispiel der ersten Rede des Elifaz zu beobachten, ob sie ihre Aufgabe als Tröster auch weiterhin zu unserer Zufriedenheit wahrnehmen oder ob ihnen dabei etwa ihre »Theologie«, ihre Weisheit in die Quere kommt, so daß sie sich von Tröstern zu Quälgeistern verwandeln. Und wir werden weiterhin zusehen, wohin sie Hiob dabei drängen. Hören wir also zunächst, was Elifaz Hiob auf seine Klage zu antworten hat:

> »Erträgst du es, daß ›wir‹ ein Wort an dich ›richten‹?
> Doch wer vermag seiner Rede zu wehren?
> Sieh', du hast viele zurechtgewiesen
> und schlaffe Hände gestärkt.
> Den Strauchelnden richteten auf deine Worte
> und wankenden Knien gabst du Kraft.
> Nun es an dich kommt, bist du müde,
> da es dich selbst trifft, bist du bestürzt.
> Ist deine Gottesfurcht nicht dein Vertrauen,
> ›und deine Hoffnung‹ dein vollkommner Wandel?
> Bedenke: welcher Reine ging zugrunde
> und wo sind Redliche verdorben?

Soviel ich sah: Die Unheil pflügen,
die Mühsal säen, ernten es.
Durch Gottes Odem gehen sie zugrunde,
durch seines Zornes Wehen enden sie:
Mag auch der Löwe brüllen und das Junge knurren,
wenn erst der Leuen Zähne ausgebrochen sind,
So geht der ›Furchtlose‹ doch ohne Raub zugrunde,
und wird der Löwin Brut zerstreut.

Ein Wort stahl sich zu mir,
mein Ohr vernahm von ihm allein ein Flüstern.
In Grübeleien ob Nachtgesichten,
als Tiefschlaf auf die Menschen fiel,
Traf mich ein Schrecken und ein Zittern,
ein Beben schreckte meine Glieder auf.
Ein Wehen ›huschte‹ über meine Wangen,
mir sträubte sich das Haar am Leib.
Es stand – ich konnt' es nicht genau erkennen –,
vor mir ein Schemen,
ich vernahm ein leises Säuseln nur:
›Kann ein Mensch vor Gott gerecht sein
oder ein Mann vor seinem Schöpfer rein?‹
Sieh', seinen Dienern traut er nicht
und bei seinen Boten schließt er Irrtum ein.
Um wieviel mehr die Lehmbehausten,
deren Bau auf Staub gegründet',
Die zwischen Morgen und Abend zerschlagen,
die unbeachtet für immer vergehn.
Ist erst ›ihr Zeltpflock‹ ausgerissen,
so sterben sie, ehe sie es versehn!

Rufe doch, ob dir einer antwortet!
An wen von den Heiligen willst du dich wenden?
Denn den Toren erschlägt ›sein Unmut‹,
und den Einfältigen tötet sein Ungestüm.
Ich sah einen Toren Wurzeln schlagen,

doch plötzlich war seine Stätte ›gerodet‹.
Seine Söhne entfernten sich vom Heil,
sie wurden zerschlagen, da gab's keinen Retter:
Was ›sie geerntet‹, will, wer hungert, essen,
wer dürstet, lechzt nach ihrer Habe.
Denn aus dem Staub erwächst kein Unheil
und aus der Erde sproßt keine Qual,
Sondern der Mensch ›erzeugt die Qual‹,
gleichwie die Funken auffliegen.
Ich würde mich nun Gott zuwenden
und meine Sache dem Herrgott darlegen,
Der Großes tut ohn' all Ergründen
›und‹ Wunderwerke ohne Zahl',
Um Niedrige zur Höh' zu führen,
daß Trauernde zum Heile sich erheben.
Er bricht den Plan der Listigen entzwei,
daß ihre Hände kein Gelingen wirken.
Er fängt die Weisen in der eignen List,
weil sich der Rat Verschlagner überstürzt.
Am Tage stoßen sie auf Dunkel
und tasten mittags wie bei Nacht –,
›Daß‹ er vom Schwert Gefangene errette,
den Armen vor des Starken Gewalt,
Damit es für den Schwachen Hoffnung gibt
und das Unrecht sein Maul verschließt.

»Glücklich der Mann, den Gott züchtigt.
Darum verachte die Zucht Allwalts nicht!
Denn er verwundet und er verbindet,
er schlägt und seine Hände heilen.
In sechs Nöten errettet er dich,
in sieben rührt dich kein Übel an.
In Hungersnot ist er ›dein Retter‹ vom Tode,
in Kriegen vor den Fängen des Schwerts.
Geborgen bist du vor der Zunge Geißel
und fürchtest die nahe Gewalttat nicht.

Selbst mit dem Feldgestein stehst du im Bunde,
und gewogen ist dir des Feldes Getier.
Dann weißt du, daß dein Same zahlreich ist
und dein Gesproß dem Kraut der Erde gleich.
In Reife kommst du in das Grab,
wie sich zu ihrer Zeit die Ähren häufen.
Sieh', eben dies erforschten wir als richtig,
hör' du darauf, daß du es selbst erfährst!«

Der erste Eindruck von dieser, zu den gewichtigsten Ab-
schnitten des ganzen Hiobbuches gehörenden und die Kapitel 4 und 5 ausfüllenden Rede ist wiederum vorbildlich: Hier
nimmt ein besonnener und lebenserfahrener Mann das Wort.
Statt unmittelbar auf sein Ziel hinzusteuern und den Dulder
zur Buße zu rufen, läßt der Dichter seinen Elifaz wie einen
gewiegten Seelsorger sprechen, der eigentlich weiß, daß der
Leidende so tief in seinem Unglück befangen ist, daß man nur
sehr vorsichtig und zurückhaltend mit ihm verfahren darf
und den Anschein zudringlichen Besserwissens vermeiden
muß. Demgemäß leitet Elifaz seine Rede mit einer knappen
rhetorischen Frage ein, deren Verneinung ihm von vornherein gewiß ist. Aber damit hat er das Ohr seines Zuhörers gewonnen und kann nun den nächsten, sich aus beider gemein-
samer Vergangenheit ergebenden Anknüpfungspunkt, nämlich Hiobs eigenes Verhalten gegenüber anderen Menschen,
die sich in seiner jetzigen Lage befanden, aufrufen: Wer anderen in ihrem Unglück guten Rat erteilt und damit geholfen
hat, muß eigentlich Verständnis dafür haben, wenn ihm nun
ein Gleiches widerfährt. Zudem kann bei Hiob an der guten
Absicht der um seinetwillen aus ihren Orten angereisten
Freunde von vornherein kein Zweifel bestehen.
Sachlich läßt der Dichter Elifaz dann sehr geschickt vorge-
hen; denn er bestätigt scheinbar die uns als Lesern der Erzählung von Hiobs Glück, Frömmigkeit und Leid vertraute hohe
Meinung von seiner Untadligkeit und appelliert demgemäß
an das Selbstverständnis seines Freundes: Du bist doch ein

gottesfürchtiger Mann und hast demgemäß keinen Grund, die Flinte ins Korn zu werfen und alle Hoffnung fahren zu lassen! Schließlich ist das ihrer beider Grundüberzeugung, daß noch nie ein Gerechter ein böses Ende gefunden hat. Oder vielleicht sagen wir vorsichtiger: Schließlich war es einmal beider übereinstimmender Glaube. Denn wir werden sehen, wie sich auf dem Boden der gemeinsamen Überzeugung nun die Ansichten der Zuschauer und des Betroffenen teilen: Jene bleiben bis zuletzt dabei, daß es so ist, und treiben dadurch den Freund immer tiefer in seine Verzweiflung hinein. Dieser weiß: so sollte es sein; aber sein eigenes Leid zeigt ihm unwiderlegbar, daß dem so nicht ist. Aus dieser tragischen Meinungsverschiedenheit ergibt sich unausweichlich der sich im Laufe der Dichtung von Redewechsel zu Redewechsel vertiefende Konflikt.

Elifaz und seine beiden Begleiter müssen aus Hiobs Leiden auf eine schwere Störung seines Gottesverhältnisses schließen. Aber es ist, die zugrundeliegende Überzeugung geteilt, schlechthin bewunderungswürdig, wie vorsichtig, ja zartfühlend Elifaz in dieser ersten Rede zu Werke geht, um Hiob zu der Einsicht zu führen, daß er unter allen Umständen von seiner Auflehnung lassen und Gott um Vergebung bitten muß, wenn sich sein Geschick wenden soll. So bekräftigt er zunächst einmal den Grundsatz, daß kein Gerechter zugrunde geht, mit einem nachhaltigen Hinweis auf die eigene Erfahrung. Dabei verbirgt er weiterhin mit seiner Ausdrucksweise keineswegs, daß er ein gebildeter, das Spruchgut der Tradition und ihren Bildervorrat kennender Mann ist: Unrecht fällt, so lautet seine Argumentation, so stark sich der Täter fühlt, dank Gottes Eingreifen stets auf ihn zurück. Bildlich gesprochen: Sind den Löwen die Zähne ausgebrochen, müssen sie samt ihrer Brut verenden! – Aber dann läßt er das Thema fallen, um von einer eigenen, ins Visionäre hinüberspielenden Erfahrung zu berichten, die ihn seinerzeit tief erschreckt und erschüttert hat. Ein nächtliches Schemen hat ihm zugeraunt, daß es gänzlich unmöglich ist, daß ein

Mensch vor Gott vollkommen gerecht ist, vgl. 15,14–16. Selbst die Engel sind nicht irrtumslos, um so weniger können es die von Erde genommenen und zur Erde zurückkehrenden Menschen sein, vgl. 1 Mose 2,7.19. Die von Elifaz mit dieser Mitteilung verbundene Absicht liegt auf der Hand. Verhält es sich so, muß auch Hiob damit rechnen, daß ihm, ohne daß er es bemerkt hat, in seinem Verhalten gegenüber Gott und Menschen Fehler unterlaufen sind. Elifaz hätte zusätzlich aus den Salomosprüchen zitieren können, wo es in 16,2 heißt:

> »Alle Wege eines Mannes sind in seinen Augen lauter;
> aber Jahwe ist es, der die Geister prüft.« –

Trotzdem bleibt die eigentliche Konsequenz unausgeprochen. Hiob soll sie selbst ziehen, soll selbst zur Erkenntnis seiner Lage vor Gott kommen und nicht durch eine vorschnelle Bezichtigung dazu gebracht werden, entweder das Gespräch abzubrechen oder sich nun, innerlich verletzt, erst recht in seine Leidverschlossenheit hineinzusteigern.

Vielleicht darf man sich nach dieser Mitteilung eine kurze Pause vorstellen, während der Elifaz auf eine Antwort Hiobs wartet. Aber da Hiob offenbar kein Zeichen der Zustimmung gibt, sondern schweigend verharrt, fährt Elifaz fort und steigert die Tonart dabei ein wenig, indem er Hiob bei seinem erneuten Einsatz auf die Aussichtslosigkeit eines Einspruchs hinweist. Das ist zugleich der erste rechtliche Unterton, der später mehr und mehr in den Vordergrund treten soll: Hiobs Beschwerden, daß ihm Unrecht geschehen ist, würden im Himmel kein Echo finden. Kein Fürsprechengel wäre bereit, bei Gott seine Sache zu vertreten. Es ist eben so, daß alle Schuld auf den Menschen zurückfällt und die Sicherheit der Gottlosen und ihrer Kinder trügerisch ist. Kein Mensch leidet zufällig, jeder trägt dafür selbst die volle Verantwortung. Aber auch damit bleibt die Kritik an Hiob indirekt. Statt ihn aufzufordern, er möge seinen leidenschaftlichen Unmut lassen, zitiert Elifaz einen Wahrspruch, der Ungestüm und Unmut des Toren für seinen Tod verantwortlich macht. Es ist erstaunlich, mit welcher Einfühlung der Dichter Elifaz seine Rolle durchhalten läßt, Hiob zur eigenen Einsicht zu führen.

Demgemäß läßt er ihn jetzt auch nicht sagen: »So lege Gott deine Sache vor …« So unmittelbar wird er erst in seiner letzten Rede sprechen und dabei alle Zurückhaltung aufgeben, 22,21–29:

> »So versöhne dich doch mit ihm und ›schließe Frieden‹;
> dadurch wird dir Gutes zuteil!
> Nimm doch aus meinem Munde Weisung an
> und beherzige meine Worte.
> Wenn du zu Allwalt umkehrst, ›wenn du dich beugst‹,
> das Schlechte aus deinem Zelt entfernst,
> Dann wirst du deine Freude an Allwalt haben
> und kannst dein Antlitz zu Gott erheben.
> Du wirst zu ihm beten und er wird dich erhören
> und du wirst deine Gelübde bezahlen.
> Was du beschließt, wird dir gelingen
> und Licht wird auf deine Wege strahlen.
> Denn ›er erniedrigt, wer Stolzes redet‹,
> aber wer die Augen senkt, dem hilft er.«

Jetzt aber sagt er, was er selbst an Hiobs Stelle tun würde, nämlich sich Gott zuwenden. Dabei legt er allen Nachdruck auf Gottes Macht und Gerechtigkeit, auf sein Vermögen und seine Entschlossenheit, die Pläne der Gottlosen zu vernichten und die von ihnen Bedrohten zu erretten. Aber wir täuschen uns kaum, wenn wir den Unterton heraushören: Die Größe von Hiobs Leiden hat offenbar in ihm den Verdacht geweckt, daß es sich bei seinem Fehlen nicht eben um Kleinigkeiten handelt; denn warum sonst weist er so nachdrücklich auf Gottes, sich im Wandel des Schicksals der ihre Ränke spinnenden Menschen offenbares Handeln hin?

Wiederum bedurfte es erst der sich steigernden Leidenschaftlichkeit der Auseinandersetzung, um Elifaz auch in dieser Beziehung seine Rücksicht fallen und ihn zur unmittelbaren Bezichtigung Hiobs übergehen zu lassen, um so den in seinen Augen gefährdeten – wir müssen nun vielleicht schon vorsichtiger sagen: ehemaligen – Freund gleichsam im letzten Augenblick von seinem angeblichen Weg in das sichere Verderben zurückzureißen. Denn inzwischen hatte Hiob die Richtigkeit der vermeintlichen Beobachtungen der Freunde und damit ihre ganze religiöse Überzeugung als schlechterdings falsch und ihre mit der Weisheit der Väter gesättigten Reden als Nichtigkeiten bezeichnet, Kap. 21. Aber gerade damit hatte sich Hiob in den Augen des Frommen verraten, 22,2–11:

> »Kann ein Mann Gott etwa nützen?
> Nein, der Verständige nützt nur sich selbst!
> Bringt es Allwalt Gewinn, wenn du gerecht bist,
> oder einen Vorteil, wenn du unsträflich wandelst?
> Züchtigt er dich vielleicht ob deiner Gottesfurcht,
> geht er deshalb mit dir ins Gericht?
> Sind deine Untaten nicht viel
> und ohne Ende deine Vergehen?
> Denn du pfändest deine Brüder um nichts
> und ziehst Halbnackten die Kleider aus!
> Du tränkst den Müden nicht mit Wasser
> und verweigerst dem Hungrigen Brot!
> ›Der Gewaltmensch –, ihm gehört das Land,
> nur der Angesehne darf es bewohnen!‹
> So entließest du die Witwe leer
> und ›zerbrachst‹ die Arme der Waisen.
> Darum bist du von Fallen umgeben,
> ängstigt dich plötzlicher Schrecken,
> ›Ward dunkel das Licht‹, so daß du nicht siehst,
> und bedeckt dich der Wasser Ströme.«

So also sieht die eigentliche Beurteilung der Lage Hiobs durch Elifaz aus, auch wenn die konkreten Bezichtigungen nur als vermutungsweise geäußerte Beispiele gemeint sein werden. Wir stellen den aus Kap. 1–2 und 31 gezogenen Einspruch gegen diese Unterstellungen zurück und kehren noch einmal zu der ersten, wohltemperierten Rede des Elifaz zurück, in der er abschließend das Glück dessen preist, der die Züchtigung Gottes annimmt, sich durch sie von dem sonst mit Sicherheit ins Verderben führenden Weg zurückreißen läßt, um in der Folge von Gott vor allen Nachstellungen seiner Feinde und den in der Natur auf ihn lauernden Gefahren bewahrt zu werden, ein wohlbestelltes Haus zu besitzen, reiche Ernten einzubringen, sich einer zahlreichen Nachkommenschaft zu erfreuen und schließlich, wie reifes Korn geschnitten wird, nach einem erfüllten Leben – alt und lebenssatt, wie es am Ende des ganzen Buches von Hiob heißen wird –, ins Grab zu sinken. Mögen dem Menschen Gottes Strafen auch hart erscheinen, so sind sie doch Ausdruck seiner Güte. So heißt es denn auch in den Salomosprüchen 3,11 f.:

>»Die Zucht Jahwes verachte nicht, mein Sohn,
und schrick nicht zurück vor seiner Zurechtweisung;
Denn wen Jahwe liebt, den weist er zurecht,
und den Sohn, dem er wohl will, ›läßt er leiden‹.«

Mithin ist deutlich, daß Elifaz hier nicht seine Sondermeinungen, sondern trotz seiner Berufung auf die eigene Erfahrung die geltende Lehre vertritt. Damit liegt es zutage, daß es dem Dichter um deren Überwindung geht, weil zuviele Menschen wie Hiob unter ihr leiden. Gewiß hat er sich die Auseinandersetzung mit ihr nicht leicht gemacht und in Elifaz ihren edelsten Vertreter gezeichnet. Wir dürfen uns jedoch nicht von dessen unbezweifelbar richtigem Argument verlocken lassen, daß es keinen unfehlbaren Menschen geben kann. Ein vollkommenes endliches Wesen wäre in der Tat in sich selbst ein Widerspruch; denn seine Endlichkeit beraubt ihn der Möglichkeit, über seiner Situation zu stehen. Fahrlässigkeit und konstitutionelle Kurzsichtigkeit sind bei ihm unvermeidbar. Aber da dieser Gedanke hinter dem anderen zurücktritt, daß Leid und Schuld einander entsprechen, wird er von dem Dichter nicht weiterverfolgt.

Es mag jedoch nichts schaden, wenn wir uns an die Fassung erinnern, die ihm der griechische Lyriker Simonides von Keos gegeben hat, dem die Überlieferung das berühmte »Wanderer, kommst du nach Sparta ...« zuschreibt. Der thessalische Fürst Skopas hatte den Dichter nach seiner Meinung über das Wort des zu den sieben Weisen gerechneten Staatsmannes Pittakos von Mytilene gefragt, daß es für einen Mann schwer sei, gut und edel zu sein. Darauf hatte er mit dem folgenden Trinklied geantwortet:

> »Schwer ist es, wahrhaft ein guter Mann zu werden,
> An den Armen und den Beinen und an Verstand
> > viereckig, ohne Tadel fertig hergestellt.
> ...
> Und nicht ganz zutreffend scheint das Pittakos-Wort
> Mir zu sein, obgleich es aussprach ein weiser Mann;
> > ›Schwer ist's‹, sagte er, ›gut, von edler Art zu sein‹.
> Nur ein Gott hat wohl dieses Vorrecht, ein Mensch jedoch –
> > kann nicht anders als schlecht sein, wenn
> Ihn ein unbezwingbares Unglück befiel.
> Hat er Erfolg, jeder Mann ist dann gut,
> Doch schlecht, wenn's ihm schlecht geht;
> Und zumeist sind die Besten,
> Die, die Göttern lieb sind.
>
> Drum will ich nie, nach unmöglichem Geschehen
> Auf der Suche, auf vergebliche Hoffnung werfen des Daseins Los: daß ich einen Menschen ganz
> Ohne Fehler finde bei uns, die genießen der
> > breitgelagerten Erde Frucht.
> Ich will, fände ich ihn, euch es melden sogleich.
> Doch jeden lob ich und liebe ihn,

Wenn freiwillig
Er nichts Schändliches tut;
Mit dem Schicksal kämpfen
    selbst nicht die Götter.

. . . .

Nicht lieb ich zu tadeln; genügt mir doch durchaus ein
Mann,
Der nicht schlecht, nicht zu unbeholfen ist, der sich
    auf staatenförderndes Recht versteht:
Ein gesunder Mann; und nicht werde ich ihn
Tadeln; es ist ja der Toren Geschlecht
An Zahl ganz unendlich;
Schön ist alles, mit dem nicht
Häßliches gemischt ist«

lautet das bei Platon im Protagoras 339a–347a überlieferte
Lied in der Übersetzung von Oskar Werner. Gegen die
Adelsethik und ihre Bewertung des Menschen nach Gestalt,
Besitz und Erfolg macht sich hier eine neue Einschätzung
des Menschen nach seiner Anständigkeit und Einsatzbereit-
schaft geltend, gerade weil dem Menschen die Erreichung
der Vollkommenheit verwehrt ist, die allein den Göttern
und dann noch in abgestufter Weise denen, die sie schicksal-
haft begünstigen, zur Verfügung steht.

Wenden wir uns von diesem Skolion wieder unserem
Hiobbuch zu, fällt uns auf, wie unbekümmert der Erzähler
das Bild eines ganz vollkommenen Mannes gezeichnet hat.
Fragt man sich, wie das möglich war, muß man sich der ganz
am Gesetz orientierten nachexilischen Ethik erinnern. In
ihm heißt es, 5 Mose 30,11–14:

»Denn dieses Gebot, das ich dir heute gebiete, ist für dich
nicht zu schwer und ist dir nicht unerreichbar. Es ist nicht
im Himmel, daß man sagen müßte: ›Wer wird für uns hin-
auffahren gen Himmel und es uns holen und es uns bekanntgeben, daß wir es befolgen?‹ Und es ist nicht jenseits des
Meeres, daß man sagen müßte: ›Wer wird für uns das Meer

überqueren und es uns holen und es uns bekanntgeben, daß wir es befolgen?‹ Sondern das Wort ist ganz nahe bei dir, in deinem Munde und in deinem Herzen, so daß du es befolgen kannst.«

Und ganz in diesem Sinne konnte es im Jesajabuch 1,19f. heißen:

> »Wenn ihr wollt und gehorcht,
> werdet ihr dabei das Beste des Landes essen.
> Aber wenn ihr euch weigert und widerstrebt,
> werdet ihr dabei ›durch das Schwert‹ gefressen.«

In diesem Sinne verkörpert Hiob das Ideal des frommen, Gottes Willen beständig befolgenden Juden. Das aber stellte für den Dichter gerade die Herausforderung dar, weil ihm die Wirklichkeit die über dem Gehorsam stehenden Verheißungen und damit die ganze, sich auf den unverbrüchlichen Zusammenhang zwischen Tun und Ergeben gründende Lehre der Weisen zum Problem hatte werden lassen. Der Hiob des Dichters ist mithin die verkörperte Gegenprobe. Allerdings konnte er es dann nicht bei der bloßen Bestreitung belassen, sondern mußte seinerseits eine neue Antwort auf die Frage nach dem Leiden des Unschuldigen suchen.

KAPITEL 4

Die Widerlegung der Ideologie
oder
Hiobs Abrechnung mit den Freunden

I

Auch in diesem Kapitel harren wir neben Hiob auf dem Aschenhaufen aus. Aber wir wenden unsere Aufmerksamkeit jetzt ganz ihm selbst zu, um zu erkunden, wie die Reden seiner Freunde auf ihn wirken und ob er sich gegen sie zur Wehr zu setzen weiß. Sie befinden sich ja als die Gesunden ihm als dem Kranken gegenüber in der stärkeren Position. Zudem scheint der Augenschein für die Richtigkeit ihrer Überzeugung zu sprechen, daß Hiob ein von Gott nicht nur geschlagener, sondern schwer bestrafter Mann ist. Wir werden zusehen, ob sich Hiob nur auf sein reines Gewissen berufen kann oder ob er auch andere Argumente gegen seine Freunde ins Feld zu führen vermag. Denn wenn es bei der Berufung auf sein Gewissen bleiben müßte, könnten wir immer noch auf die Seite der Freunde treten und eine grandiose Selbsttäuschung unterstellen. Wir brauchten uns nur vorzustellen, man wollte heute eine der beliebten Volksbefragungen durchführen, um die Selbsteinschätzung der Zeitgenossen zu erheben. Vermutlich stünden wir hinterher vor dem Rätsel, wie bei soviel gutem Willen und solchem Übermaß an redlichen Absichten die Welt so im argen liegt.

II

Schon um des Gleichmaßes willen hören wir zunächst, was der Dichter seinen Hiob in Kapitel 6 auf des weisen Elifaz Musterrede antworten läßt. Dabei werden wir gleich bei den ersten Sätzen erkennen, daß sich seine anfängliche Verzweiflung nicht gelegt, sondern eher noch gesteigert hat, weil er offensichtlich erkannt hat, worauf die vornehmen Worte des Freundes hinauslaufen. Es gelingt dem Dichter sehr schnell, am auffälligsten, wenn er Hiob das Gleichnis von den Trugbächen aufgreifen läßt, seinen Helden als keinesfalls weniger gebildet und weniger redegewandt als den Meister unter seinen drei Freunden vorzustellen. Aber vielleicht haben wir das auch nicht anders erwartet, weil das Sprichwort »Gleich und gleich gesellt sich gern« nicht erst von gestern stammt. – Hören wir denn seine Klage:

> »O würde mein Kummer voll gewogen,
> mein ganzes Unglück auf eine Waage gelegt!
> Denn jetzt ist es schwerer als Meersand,
> drum gehen meine Worte irre.
> Denn Allwalts Pfeile stecken in mir,
> Gottes Schrecken sind wider mich angetreten.
> Kann man Fades essen ohne Salz,
> oder schmeckt der Schleim von Malven?
> Bräht ein Zebra über dem Grase,
> oder brüllt ein Rind über dem Futter?
> Meine Kehle weigert sich, es zu berühren,
> ›meinem Magen ekelt‹ vor meiner Speise.
>
> O daß sich meine Bitte erfüllte
> und Gott mein Hoffen gewährte,
> Daß Gott sich entschlösse, mich zu zerschlagen,
> seine Hand zückte und schnitte mich ab!
> Das wäre noch ein Trost für mich,
> und ich wollte hüpfen im Schmerz.
> Was gibt mir Kraft, daß ich ausharre,
> was ist mein Ziel, daß ich mich gedulde, –
> Gleicht meine Kraft den Steinen,
> oder ist mein Fleisch ›aus Erz‹? –,
> Wenn es für mich keine Rettung gibt,
> und sich alle Aussicht verlor?«

Meine Brüder trogen wie ein Bach,
wie versiegende Wasserrinnen,
Die trübe gehen vor Eis,
in denen der Schnee verschwindet,
Die ›zur Zeit‹, da sie vertrocknen, verstummen,
›in der Hitze‹ von ihrer Stätte verschwinden.
Zogen ›Karawanen‹ ihren Lauf entlang,
stiegen sie ins Öde und gingen zugrunde.
Hielten ›Karawanen‹ aus Tema nach ihnen Ausschau,
hofften Züge aus Saba auf sie,
Wurden sie durch ihr Vertrauen zuschanden,
kamen sie hin und wurden enttäuscht.
So seid ihr jetzt ›für mich‹ geworden,
ihr saht das Elend und schrecktet zurück.

Sagte ich denn: Gebt mir etwas,
kauft mich aus euren Mitteln frei,
Rettet mich vor der Gewalt des Feindes
und löst mich aus der Mächtigen Hand?
Belehre mich, so will ich schweigen,
worin ich fehlte, macht mir klar.
Aufrichtige Reden kränken nicht,
doch was rügt euer Rügen schon?
Gedenkt ihr Worte nur zu rügen,
und gilt die Rede des Verzweifelten dem Wind?«
Doch jetzt entschließt euch, wendet euch mir zu,
ob ich euch ins Gesicht belüge.
Kehret doch um! Es geschehe kein Unrecht!
Kehret um! Noch bin ich im Recht.«

Was in der Verwünschung der Empfängnisnacht und des Ge-
burtstages in seiner großen Eingangsklage mit ihrer vor-
wurfsvollen Frage, warum Gott dem Mühseligen nicht den
Ausgang aus seinen Leiden in den Tod freigibt, trotz ihrer
Deutlichkeit noch umschrieben wurde, bricht jetzt unver-
hüllt aus ihm heraus: Für seine hoffnungslosen, seine Kräfte

übersteigenden Qualen gibt es in seinen Augen nur noch einen einzigen Ausweg, den Tod. Schickte ihn Gott, schnitte er seinen Lebensfaden ab, wäre es trotz seiner Schmerzen für ihn ein freudiges Ereignis. Aber zu seinen gottverhängten Leiden ist nun noch die Enttäuschung über die Freunde getreten, die ihn trotz seines unsträflichen Wandels für einen Sünder halten. Hatte er sich von ihnen Verständnis für seine unheimliche und nach Menschen Ermessen aussichtslose Lage erhofft, ging es ihm mit ihnen wie den Karawanen, die sich bei ihrem Zuge durch weite Wüsten von der Erinnerung an ein im Winter gesehenes Bachtal voll Wasser leiten lassen, dort Rettung vor dem Verdursten zu finden hoffen und schließlich zusammenbrechen, weil es bis an sein Ende ausgetrocknet ist. Dabei hatte er sie doch weder auf materielle Hilfe angesprochen, noch Beistand gegen mächtige Feinde von ihnen erwartet und ihnen mithin nichts zugemutet, womit er ihnen beschwerlich fallen konnte. Was also hätten denn, überlegen wir, die Freunde eigentlich tun, was hätten sie sagen sollen? Wäre ihnen mehr übriggeblieben, als seine Hand zu halten und ihn zu einem Gottvertrauen zu ermutigen, außer dem uns in solchen Stunden nichts bleibt? Wir wissen es: es wäre ihnen als ein Frevel erschienen, den Freund nicht auf den nach ihrer festen Überzeugung einzig verbliebenen Weg der Buße hinzuweisen. Sie waren so tief in ihre Gedankenwelt versponnen und so der Weisheit ihres Volkes gewiß, daß für ein unschuldiges Leiden darin kein Platz war. Daher konnten sie in der leidenschaftlichen Aufforderung des Freundes, ihrerseits umzukehren und sich nicht durch weitere Worte zu verschulden, nur ein erneutes Zeugnis für Hiobs Verstockung sehen. So wird sich die Auseinandersetzung zwischen den beiden unüberbrückbaren Positionen sehr schnell bis zur radikalen Bestreitung der ganzen, von den Freunden vertretenen Weisheitsideologie durch Hiob zuspitzen, ja, ihn zum Gegenangriff auf ihre vermeintlich unanfechtbar frommen Reden führen, ohne daß er sich im geringsten in seinem Gewissen betroffen fühlt. Wir schalten

uns, um seine Worte zu hören, in den Anfang seiner, den
zweiten Redegang eröffnenden Streitrede ein, Kap. 12,2−5
und 13,1−19:

> »Wahrhaftig, ihr seid die richtigen Leute,
> mit euch stirbt die Weisheit aus!
> Ich habe soviel Verstand wie ihr,
> denn wer wüßte darüber nicht Bescheid?
> Der zu seinem Gott rief, ›daß er antworte‹,
> ›wurde‹ zum Gespött für seine Freunde.
> Verachtung gebührt dem Unglück nach der Sicheren
>   Meinung,
> ein Stoß denen, die wankenden Fußes!
> ....
> Das alles hat mein Auge gesehen,
> mein Ohr gehört und darauf gemerkt.
> Was ihr wißt, das weiß ich längst,
> ich bin euch nicht unterlegen!
> Jedoch ich will zu Allwalt reden,
> mit Gott zu rechten ist mein Begehren.
> Doch ihr seid Lügentüncher,
> Pfuschärzte alle zusammen!
> Wer schafft es, daß ihr endlich schweigt,
> es würde euch zur Weisheit gereichen! −
> Hört nur auf meine Entgegnung
> und merkt auf das Streitwort meiner Lippen.
> Wollt ihr für Gott Verkehrtes reden,
> für ihn mit Trug eintreten?
> Wollt ihr seine Partei ergreifen
> oder für Gott den Rechtsstreit führen?
> Wird es gut ausgehen, wenn er euch prüft,
> oder täuscht ihr ihn wie einen Menschen?
> Er würde euch streng bestrafen,
> wenn ihr heimlich Partei ergreift.
> Wird euch seine Hoheit nicht entsetzen,
> sein Schrecken nicht auf euch fallen?

Eure Merksätze sind Aschensprüche,
eure Schildbuckel sind aus Ton!

Verstummt vor mir, denn ich will reden,
folge daraus, was da will!
Ich nehme mein Fleisch in meine Zähne
und lege mein Leben in meine Hand.
Wenn er mich tötet, will ich nicht ›beben‹.
Doch meinen Wandel verfecht ich vor ihm!
Zudem ist das mein Beistand,
daß kein Heuchler vor ihn tritt.
Wohlan denn, ich lege den Rechtsfall vor,
ich weiß, daß ich Recht bekomme!
Wer ist es, der mich bestritte?
Dann wollt ich verstummen und sterben.«

Wir wissen jetzt zweierlei: Zum ersten, daß Hiob gewichtige
Argumente gegen die geschlossene Weltsicht der Freunde in
der Hinterhand hält; denn nur so kann er ihnen vorwerfen,
daß sie mit ihren scheinbar so frommen Reden nicht der
Wahrheit die Ehre geben, sondern hinterrücks für Gott Partei
ergreifen. Das heißt aber zugleich, daß sie es eigentlich wissen
müßten, ja, daß sie es eigentlich wissen, daß etwas an ihren
Religionsanschauungen falsch ist, sie aber lieber die Augen
vor der Wahrheit verschließen und darüber den Freund in die
Enge treiben und letztlich fallenlassen, als sich aus dem eigenen, in sich geschlossenen und öffentlich anerkannten Weltbild herauszuwagen und damit eine Überzeugung, die ihnen
in guten Tagen so treffliche Dienste leistet, preiszugeben.
Denn sie gaukelt ihnen vor, daß es mit der Gerechtigkeit in
dieser Welt stimmt, und etwas Schöneres kann sich der
Mensch ja in der Tat nicht denken. Aber es kommt auch Gott
gegenüber nicht darauf an, ob uns ein Gedanke gefällt, sondern ob er wahr ist. Zudem zeigt uns das Beispiel Hiobs, daß
ihm mit falschen Zeugen nicht gedient ist; denn sie bringen es
dahin, daß selbst der Frömmste seine Fassung verliert und

gegen Gott rebelliert. Zum zweiten erkennen wir schon jetzt, daß es zu einer unmittelbaren Auseinandersetzung Hiobs mit Gott kommen wird; denn weil die Freunde – und mit ihnen sicher die meisten, in seiner Nähe lebenden Menschen, vgl. Kapitel 30 – seine Leiden als einen Tatsachenbeweis für die Richtigkeit ihrer Beurteilung Hiobs als eines großen Sünders betrachten, muß er bei Gott und zugleich wider Gott die Entscheidung suchen; bei Gott, weil ihm kein andrer Fürsprecher bleibt; wider Gott, weil Gott der unbestrittene Urheber seiner Leiden ist. Aber ehe wir uns diesem schwierigen Kapitel und damit zugleich der vom Dichter gewollten Lösung des ganzen Problems des unschuldig Leidenden zuwenden, hören wir zunächst, wie er seinen Hiob mit der Ideologie seiner Freunde und ihrer heimlichen Verlogenheit abrechnen läßt.

III

Die Abrechnung erfolgt zu Beginn des letzten, die Kapitel 21 – 28 umfassenden Redewechsels. Wer sie aufmerksam liest, stößt auf eigentümliche Gedankenverschiebungen, so daß Hiob plötzlich Argumente vorbringt, die ganz den traditionellen Überzeugungen der drei Freunde entsprechen, aber in diametralem Gegensatz zu den seinen stehen. Andererseits treffen wir hier, wie schon in Kapitel 12, auf Verstärkungen, ja Verhärtungen seiner Position. Beides rührt daher, daß sich später Anhänger wie Gegner des Hiobdichters in seinem Buch zu Worte gemeldet haben. Daß dabei schließlich seine Gegner das letzte Wort bekommen haben, wird später zu berichten sein. – Hören wir denn vorerst, was Hiob den doktrinären Ansichten seiner Freunde entgegenzusetzen hat, Kap. 21:

»So hört nur meine Rede,
sie diene euch zum Trost!
Ertragt es, daß ich rede,
hab' ich gesprochen, ›mögt ihr‹ spotten.

Gilt denn Menschen meine Klage?
Selbst dann stünd' Ungeduld mir zu!
Wendet euch zu mir, ›es wird euch‹ schaudern,
ja ihr legt die Hand auf den Mund.
Denke ich dran, wird mir Angst,
und ergreift mein Leib ein Beben:

Warum blieben Frevler leben,
alterten sie und nahmen gar zu an Kraft?
Fest ihr Same vor ihnen stand,
ihr Gesproß vor ihren Augen.
Ihre Häuser im Frieden, vor Schrecken frei,
sie blieben von Gottes Rute verschont.
Sein Stier besprang und verfehlte nicht,
seine Kuh empfing, blieb nicht unfruchtbar.
Wie Kleinvieh ließen sie ihre Buben laufen
und ihre Jungen ›wie Lämmer‹.
Sie sangen ›zu‹ Trommel und Leier,
freuten sich am Flötenspiel.
›Sie beendeten‹ ihre Tage im Glück
und ›fuhren in Ruhe‹ zur Unterwelt nieder,
Obwohl sie zu Gott gesprochen: Weiche von uns,
deine Wege zu befolgen liegt uns nicht. –
Was ist schon Allwalt, daß wir ihm dienen müßten,
und was nützt es schon, wenn wir zu ihm beten!

. . . .
. . . . [1]

Wie oft erlischt der Frevler Lampe,
kommt ihr Verderben über sie,
Daß sie wie Spreu vor dem Winde werden,
wie Kaff, das die Windsbraut stiehlt?

---

[1] Vermutlich ist ein den Späteren zu ketzerischer Vers durch einen doktrinären ersetzt worden. Dieser aber stört den Gedankengang und bleibt hier unberücksichtigt.

›Gott spart seinen Söhnen sein Unheil auf!‹ –
Ihm zahle er heim, daß er es spürt!
Denn was kümmert ihn sein Haus nach ihm,
wenn die Zahl seiner Monde vorüber?
Der eine stirbt im Vollbesitz seiner Kraft,
völlig sorglos, ›im Frieden‹,
Seine Schenkel voll Fett,
seine Knochen vom Mark getränkt.
Doch der andre stirbt mit bitterer Seele
und hat nichts Gutes genossen.
Gemeinsam liegen sie im Staub
und Würmer bedecken sie beide.

Ja ich kenne eure Gedanken,
die Ränke, die ihr gegen mich ›ersinnt‹,
Daß ihr sagen wollt: Wo ist des Reichen Haus,
wo die Wohnungen der Frevler?
Habt ihr nicht, die des Weges ziehen, gefragt,
ihre Zeichen nicht beachtet,
Daß der Böse am Unglückstag verschont
und ›am‹ Tage des Zornes ›gerettet ward‹?
Wer sagt ihm seinen Wandel schon ins Gesicht;
tat er etwas, wer zahlt es ihm heim?
Dann wird er zu Grabe getragen,
und man wacht über seinem Hügel!
Süß sind ihm die Schollen des Schachtes,
hinter ihm zieht jedermann her.
Wie könnt ihr mich so sinnlos trösten,
denn eure Gedanken sind nichts als Trug!«

Die Einsicht, welche Hiob hier in die Diskussion wirft, ist so
umstürzend und widerstreitet offenbar auch so sehr den
Denkgewohnheiten, in denen er (bzw. der Dichter) groß geworden ist, daß er selbst vor ihr erschrickt: Die fromme Doktrin läßt sich leider nicht mit der Erfahrung zur Deckung
bringen, oder vielleicht sollten wir vorsichtiger sagen: nicht

zur vollständigen Deckung bringen. Denn Hiob ersetzt ja hier nicht einfach die überkommene Ideologie durch eine neue, so daß er behauptete, kein Gottloser käme um. Sondern er konstatiert, daß es vorgekommen ist, daß Gottlose ein langes und glückliches Leben geführt und dann ein ehrenvolles Begräbnis gefunden haben. Aber indem er die statistische Frage aufwirft, gibt er zu erkennen, daß er eher zu der Ansicht neigt, daß auf dieser Erde die Gewalt herrscht. Die alte Ansicht, daß Gott dann die Schuld der Väter an den Kindern heimsuche, vgl. 2 Mose 34,6f.; 20,5, weist er einem neuen Individualismus gemäß zurück: Mag es so sein, so trifft es den längst in seinem Grabe ruhenden Frevler nicht mehr; denn der weiß ja nicht, was oben auf der Erde geschieht, vgl. 14,21f. Sollten die Freunde, wie er alle Ursache anzunehmen hat, erneut in den Vorrat ihrer erlernten Sprüche greifen, vgl. z. B. 15,17–35, so müßten sie sich sagen lassen, daß sie vor der Wirklichkeit des Lebens die Augen verschließen.

Es fehlt ja nicht an Fremden, die durch das Land reisen und davon erzählen, wie sich die Gewaltmenschen sehr wohl in Notzeiten zu behaupten wissen. Heute würden wir sagen: Wer den Einspruch Hiobs bezweifelt, braucht nur ein Geschichtsbuch aufzuschlagen oder Nachrichten zu hören, den Fernseher einzuschalten oder seine Zeitung zu lesen. Entgegen allen ideologischen Verbrämungen gewinnt er dann den Eindruck, daß Gewalt und Recht sehr viel miteinander zu tun haben.

Aber auch dieser Generalangriff hat die Freunde nicht erschüttert. Elifaz, der gleich danach das Wort ergreift, hält es nun vielmehr für erwiesen, daß es sich bei Hiob um einen verstockten Sünder handelt, den nur noch Buße und Reue retten können, vgl. dazu oben, S. 59.

Wir werden später hören, daß die drei Freunde jenseits des dritten, mit Kapitel 27 (28) endenden Redewechsels keine Gelegenheit mehr erhalten, sich zu Hiobs Worten zu äußern, weil Gott selbst nach dessen letzter großer Klage, seinem Reinigungseid und seiner tollkühnen Herausforderung Allwalts

eingreift, vgl. Kapitel 29–31. Allerdings folgt jetzt im Hiobbuch das Intermezzo der Elihureden Kapitel 32–37, welche
die Absicht verfolgen, die Ehre der Weisen zu retten. Man
erkennt den sekundären Charakter dieser Reden ebenso an
der Mühe des Dichters, Elihus plötzliches Auftauchen und
Eingreifen zu erklären, vgl. 32,1–22, wie daran, daß er weiterhin so spurlos verschwindet wie er gekommen ist. Die sich
in einer eigentümlichen Mitte zwischen fast philosophisch
anmutenden Grundsatzerwägungen und der Weiterentwick-
lung zumal in den Reden des Elifaz vorgebrachter Argumente
haltenden Überlegungen sollen die der dogmatisierten Weisheit geschlagenen Scharten auswetzen, Hiob ins Unrecht setzen und damit die ganze, um ihren ursprünglichen Sinn ge-
brachte Hiobdichtung für die Richtigkeit der traditionellen
Lehre in Anspruch nehmen.

Bei aller nach unserer Überzeugung angebrachten Kritik an
dem ebenso rhetorisch kunstvollen wie gelegentlich ins Bom-
bastische ausufernden Versuch dürfen wir nicht übersehen,
daß uns das Buch kaum ohne diese (und ähnliche) Bearbei-
tung(en) erhalten geblieben wäre. Trotz der dadurch verur-
sachten, oft nicht mehr zu entwirrenden Störungen haben wir
Grund, den Männern dankbar zu sein, auch wenn wir die von
ihnen vertretenen Standpunkte nicht teilen. Der Kernsatz der
Elihureden in 34,10f.

»Fern sei es von Gott, ›Unrecht zu tun‹,
und von Allwalt, ›Frevel zu üben‹;
Denn ›nach‹ seinem Tun zahlt er dem Menschen heim
und nach dem Wandel des Mannes läßt er es ihn treffen!«

führt sachlich nicht über die Überredungsversuche seiner Vor-
redner hinaus, sondern bringt deren Grundüberzeugung lediglich unter Rückgriff auf Psalm 62,13 auf eine griffige Formel. Ähnlich erweist sich Elihus Lehre von der göttlichen,
auf die Umkehr des Sünders abzielenden Leidenspädagogik
in 33,13–30, vgl. 36,16f., sachlich als eine Weiterentwick-

lung dessen, was wir bereits oben S. 61 aus dem Munde Elifaz' vernommen haben. Selbst wenn der Dichter die Absolutheit der Gerechtigkeit Gottes aus seinem ebenso absoluten wie interesselosen Weltregiment ableitet, knüpft er damit an den Gedanken des Elifaz an, daß Gott die Menschen ohne Eigeninteresse richtet, vgl. 34,12 ff. mit 22,1 ff. und oben, S. 60.

Einen wirklich neuen Gedanken könnte der nachträglich sehr übermalte, partiell geradezu unverständliche und daher in seiner Bedeutung umstrittene Abschnitt 34,29–33 enthalten, sofern unser eigenes Verständnis zutrifft, daß in ihm ursprünglich von Gottes Abwarten gegenüber dem Gewaltmenschen, dem Raumgeben für seine Buße, die Rede gewesen ist. Es liegt auf der Hand, daß der Dichter damit Hiobs Behauptung, es habe Gottlose gegeben, die nach einem langen, erfolgreichen Leben ehrenvoll ins Grab gesunken seien, vgl. oben S. 76, widerlegen wollte. Einigermaßen originell mutet auch sein weiterer Versuch, das von Gott nicht abgewandte Leiden der Unterdrückten unter dem Zugriff der Mächtigen mittels der Behauptung zu lösen, sie hätten es an einem vertrauensvollen Beten fehlen lassen, 35,9–13:

> »Ob der Menge an ›Bedrückern‹ schreit man wohl,
> man ruft ob der Mächtigen Arme.
> Aber man sagt nicht: Wo ist Gott, mein Schöpfer,
> der Lobgesänge in der Nacht gibt,
> Der uns mehr als den Tieren der Erde gelehrt
> und uns weiser als die Vögel des Himmels gemacht hat.
> Da schreien sie – aber er antwortet nicht –
> ob des Übermutes der Bösen.
> Doch es ist umsonst! Gott hört nicht zu,
> Allwalt nimmt davon keine Kenntnis.«

Es ist nicht schwer zu entdecken, wie Elihu zu diesen Erklärungsversuchen gekommen ist: Weil der Grundsatz der absoluten Gerechtigkeit für ihn ein unumstößlich sicheres Axiom darstellte, das seinen ganzen Gottesglauben trug, mußte er leugnen, daß irgend etwas geschehen kann, was nicht mit ihm übereinstimmt. Ein krasseres Beispiel dafür, wie sich ein ideologisierter Glaube zwischen den ihm anhangenden Menschen und die ihn umgebende Wirklichkeit, zwischen die eigene Sicherheit und die Not der anderen stellt, kann man sich kaum denken. So ist es auch nicht erstaunlich, daß der Dichter seinen Elihu den immerhin dem Grabe nahen Hiob nicht etwa trösten, sondern tadeln und belehren und am Ende gar die Perennierung seiner Leiden wünschen läßt. Dabei war er sicher kein gewissenloser Mann, sondern ein Eiferer für eine Wahrheit, ohne deren Anerkennung es nach seiner Meinung für den Leidenden keine Rettung gab. Aber seine Menschlichkeit endete da, wo er seine durch die Stimmen der Väter geheiligte Überzeugung bedroht sah, 34,1−8 und 34−37:

> »Ihr Weisen, hört auf meine Worte,
> ihr Wissenden, hört mir zu!
> Denn das Ohr prüft die Worte
> und der Gaumen schmeckt ›die Speise‹.
> Was Recht ist, wollen wir untersuchen,
> gemeinsam wollen wir wissen, was gut.
> Denn Hiob sagt: Ich bin ohne Schuld,
> aber Gott entzog mir mein Recht!
> Um mein Recht ›bin ich betrogen‹,
> unheilbar ›verwundet‹, obwohl ohne Schuld.
> Wo ist ein Mann, der wie Hiob
> Lästerung trinkt wie Wasser,
> Mit Übeltätern Gemeinschaft pflegt
> und mit Bösewichtern umgeht?
> .....
> Einsichtige Männer geben mir zu,
> ein weiser Mann, der mich gehört:
> Hiob redet ohne Einsicht,
> seine Worte sind ohne Verstand.

Drum werde Hiob fort und fort geprüft,
weil seine Antwort arger Männer ›Art‹;
Denn zu seiner Sünde fügt er Frevel hinzu
und führt große Reden gegen Gott!«

KAPITEL 5

Wenn nichts zu hoffen bleibt, bleibt Gott

oder

Hiobs Kampf um sein Recht

I

Was kann ein Mensch, der sich in einer so verzweifelten Lage wie Hiob befindet, der sich von Gott und Menschen verlassen sieht, denn noch tun? Aus den Glaubensvorstellungen seiner Väter war er herausgefallen.

Ihrem

> »Ja, das Licht der Frevler verlischt,
> die Flamme seines Feuers strahlt nicht auf.
> Das Licht in seinem Zelte verfinsterte sich
> und seine Lampe verlosch über ihm.
> . . . .
> Fürwahr, so geht es mit den Wohnungen der Frevler,
> mit den Stätten dessen, den Gott nicht kennt!« 18,5f.,

hatte er sein ebenso trotziges wie trauriges:

> »Schuldlos bin ich, mich schert nicht mein Leben,
> ›gerecht‹, ich verachte mein Leben.
> Eins ist es, sage ich drum:
> Schuldlose und Schuldige bringt Er um!« 9,21f.

entgegengeschleudert. Müßte er sich jetzt nicht draußen vor dem Tor am Ort der Ausgestoßenen in sich verschließen und stumpf seiner letzten Stunde harren? Und wäre es nicht verständlich, wenn er nun doch der verführerischen Stimme seiner Frau gehorchte, um Gott zu verfluchen? Aber beides tritt nach dem Willen des Dichters nicht ein, statt dessen läßt er seinen Dulder ein ums andere Mal von der Antwort an die Freunde zum Gebet übergehen. Von seinem Gott erwartet er

Belehrung über die Gründe seiner Leiden, in ihn dringt er, seine flüchtigen Tage freundlich zu erhellen, ihm die entzogene Gnade wiederzuschenken. Von ihm erwartet er seine Rechtfertigung gegenüber den Freunden, Nachbarn und Hausgenossen.

Dabei wechseln seine Stimmungen zwischen Trotz und demütiger Bitte, zwischen dem Pochen auf sein Recht und der Gewißheit, in Gott seinen letzten Fürsprecher zu besitzen. Seine Gebete sind gewiß nicht alle gerade so, wie sie im Katechismus stehen, dafür aber ehrlich, so ehrlich, daß wir uns manchmal betreten fragen werden, ob hier nicht die Grenze des dem Menschen Erlaubten überschritten ist. Doch lesen wir nach, wie er seine erste Antwort an Elifaz abbricht und sich dann seinem Gotte zuwendet, 7,1–21:

»Ist Frondienst nicht des Menschen Teil auf Erden,
sind seine Tage nicht denen des Söldners gleich?
Wie einem Sklaven, der nach Schatten lechzt,
und wie einem Söldner, der seinen Lohn erwartet,
Wurden mir Unheilsmonde nur beschieden,
Nächte der Qual mir zugeteilt.
Wenn ich mich legte, sprach ich: Wann wird's Tag?
›und stand ich auf‹: ›Wann wird es dunkel‹?
Mein Leib ist mit Maden und Krusten bedeckt,
meine Haut mit Grind, daß sie schwärt.
Meine Tage eilen schneller als ein Webschiff,
ohne Hoffnung schwinden sie hin.

Bedenke doch, daß mein Leben nur Hauch ist,
nie wieder erblickt mein Auge das Glück.
Keines Menschen Auge wird mich erspähen,
du willst mich sehen, – ich bin nicht mehr da.
Wie eine Wolke sich auflöst und fort ist,
steigt, wer zur Unterwelt fährt, nimmer empor.
Nie kehrt er zurück zu seinem Hause,
und seine Stätte sieht ihn nie mehr.

Drum halte ich meinen Mund nicht zurück,
will ich in meines Herzens Bedrängnis reden:
Bin ich denn das Meer oder ein Drachen,
daß du wider mich Wachen aufgestellt?
Denke ich: ›Mein Bett soll mich trösten,
mein Lager trage mit an meinem Leid!‹
Ängstigst du mich durch Träume,
schreckst du mich auf durch Gesichte,
Daß ich lieber das Ersticken wähle,
lieber den Tod als meine Gebeine.
Ich bin es satt, ich will nicht länger leben;
laß ab von mir, denn meine Tage sind ein Hauch.

Was ist ein Mensch, daß du ihn groß beachtest,
daß du auf ihn dein Merken lenkst,
›Daß‹ du ihn jeden Morgen heimsuchst,
ihn unablässig prüfst?
Wann endlich blickst du weg von mir,
läßt mich in Ruhe, bis ich nur meinen Speichel
schlucke?

Warum hast du mich zu deiner Scheibe gemacht,
bin ich ›für dich zum Ziel‹ geworden?
Und warum vergibst du mein Vergehen nicht,
hebst du meine Schuld nicht auf?
Denn ich muß alsbald im Staube liegen,
wenn du mich dann suchst, bin ich nicht mehr da.«

Hier vernehmen wir die Stimme eines Mannes, dem sein Leid
weder Tag noch Nacht Ruhe läßt, der sich am Rande des Gra-
bes weiß, dem es vor sich selbst ekelt, der nicht mehr versteht,
was mit ihm geschieht, und in dem der Wunsch nach dem
letzten Frieden jäh mit der Hoffnung auf Gottes Erbarmen
wechselt. Vielleicht spürt der heutige Leser das Gewagte
nicht heraus, wenn der Dichter Hiob Gott fragen läßt, ob er
ihn mit dem Meeresgott und seinem Drachen, dem Liwjatan,

verwechselt. Nach alter kanaanäischer Überlieferung mußte der Berg- und Wettergott Baal alljährlich in den Winterstürmen zum Kampf gegen ihn antreten, um ihm die Königsherrschaft über die Erde zu entreißen, – eine Tat, die israelitischer Glaube längst dem eigenen Gott überschrieben hatte. Es ist nicht weniger sarkastisch, wenn er weiterhin Gott erklärt, er ziehe seinem Leben »in den Knochen«, im Leibe, den Tod, den Aufenthalt in der Unterwelt vor, dem dunklen Land ohne Wiederkehr; so möge sich Gott endgültig und vollständig von ihm abwenden und ihn in Ruhe sterben lassen.

Aber eben die Erinnerung an die Flüchtigkeit dieses *einen* Lebens, jenseits dessen der alttestamentliche Mensch kein anderes erwartete, bewirkt in ihm einen zunächst nur unterschwelligen, am Ende aber offen zutage tretenden Stimmungsumschwung. Zwar ist das zu Beginn der letzten Gebetsstrophe aufgenommene Psalmwort, vgl. Psalm 8,5 und 144,3, das eigentlich der erstaunten und ehrfürchtigen Demut des Beters Ausdruck gibt, so abgewandelt, daß es statt dessen zum Vorwurf wird: Was kümmerst du dich derart um mich vergängliches, winziges Wesen? Hast du nichts Besseres zu tun, als mich für dich zur Zielscheibe für deine Schießübungen zu machen? Und mag auch die letzte hier vorgebrachte Frage, warum ihm Gott angesichts seiner Geringfügigkeit nicht lieber seine Schuld – nach allem, was wir bisher von und über den Dulder wissen, könnte es sich ebenfalls nur um eine Bagatellschuld handeln – vergebe, ein Nachklang seiner Erregung und Bitterkeit sein, so zeigt doch der Schluß, in dem er nun ganz in die Gebetsschule seines Volkes eintritt, in der es zu den bewährten Mitteln, Gott zum Einlenken mittels der Erinnerung an die Flüchtigkeit des eigenen Lebens zu bewegen gehörte, wie ihre Sprache ihm eine letzte Hoffnung gibt: Denn nun hält er seinem Schöpfer vor, wie bald und endgültig er sein Geschöpf vermissen wird, wenn er sich seiner nicht im letzten Augenblick annimmt. Und so endet denn sein Gebet wirklich mit der verhaltenen Bitte um Rettung.

Drängender, offener und nach unserem Empfinden auch angemessener, in seiner Klarheit auch kaum einer Erklärung bedürftig klingt Hiobs zweites Gebet. Auch hier die ratlose Frage nach dem Warum seiner Leiden, auch hier zunächst ein bis an die Grenze des Erlaubten gehendes Dringen in Gott, auch hier die noch leidenschaftlichere Bitte am Ende, von ihm abzulassen. Aber hier bleibt kein Zweifel mehr möglich, daß er nicht um seinen Tod, sondern um eine neue, kurze Spanne des Glücks bittet, 10,1–21:

> »Es ekelt meine Seele sich des Lebens,
> so laß ich meiner Klage freien Lauf,
> Sage zu Gott: Sprich mich nicht schuldig,
> laß wissen mich, warum du mich befehdest.
> Bringt's dir Gewinn, mich zu bedrücken,
> daß du der eignen Hände Werk verwirfst?«
> Hast du denn nur Fleisches Augen
> oder siehst du nur wie ein Mensch,«
> Daß du nach meiner Schuld forschst
> und nach meiner Sünde suchst?
> Du weißt doch, daß ich schuldlos bin
> und mich niemand aus deiner Hand errettet.
>
> Deine Hände haben mich kunstvoll bereitet,
> ›dann aber hast du dich gewandelt‹, um mich zu ver-
> nichten.
> Bedenke, daß du mich aus Ton bereitet
> und mich zum Staube wieder senden wirst.
> Hast du mich nicht der Milch gleich hingegossen
> und mich dem Käse gleich gerinnen lassen,
> Mich mit Haut und Fleisch bekleidet
> und mich mit Knochen und Sehnen durchflochten?
> Du hast mir Leben und Huld verliehen,
> deine Obhut hat mich bewahrt.
> Doch das verbirgst du in deinem Herzen,
> ich weiß, daß es so um dich steht.

Würde ich sündigen, lauertest du mir auf
und sprächest mich nicht frei von meiner Schuld.
Würde ich freveln, wehe mir!
Wär' ich gerecht, ich dürfte nicht das Haupt erheben,
..........[1]

daß du an mir dich immer wunderbar erwiesest,
Damit du neue Zeugen gegen mich entbötest
und deinen Unmut mit mir hadern ließest.

Warum hast aus dem Mutterleib du mich gezogen?
O wäre ich gestorben, daß kein Auge mich gesehn.
Wie wenn ich nie gewesen, wär' ich dann,
vom Mutterleib zum Grab getragen.
Nur wenig sind noch ›meines Lebens Tage‹,
blick fort von mir, daß ich mich kurze Zeit erfreue,
Ehe ich hinfahr' und nicht wiederkehre
ins Land des Dunkels und der Finsternis.«

II

Man stelle sich vor: nun wären seine Freunde still zurück-
getreten, hätten ihn sacht berührt, um ihm ihre Nähe zu
bekunden, oder hätten sein Gebet aufgenommen, vielleicht
wäre der Dulder so zur inneren Ruhe gekommen und hätte
auf Gottes letzten Entscheid gewartet. Aber in ihrer Frömmigkeit stießen sie sich wohl an dem gewagten Charakter der
Gebete ihres Freundes und an seinen unablässigen Un-
schuldsbeteuerungen, so daß sie sich gedrängt fühlten, ihn zu
Buße und Bekehrung zu führen. Dadurch trieben sie Hiob
jedoch tiefer und tiefer in die Verzweiflung hinein, und so
mußte sich ihm der Gedanke an eine unmittelbare Gottesbegegnung mehr und mehr aufdrängen, bis er schließlich alles
wagte und den allmächtigen Gott tatsächlich herausforderte.

---

[1] Der überlieferte Text ist unentwirrbar.

Denn wer konnte jetzt noch für seine Unschuld zeugen, wenn nicht Gott?

Diesem Wunsch stellt sich freilich grundsätzlich der Gedanke an seine unendliche Überlegenheit und an seine alle Kreatur verzehrende Heiligkeit entgegen; denn kraft seiner Gottheit ist er unbeschränkter, unendlicher Geist, dem der endliche Geist des Menschen in seiner Beschränktheit niemals gewachsen ist; und kraft seiner Heiligkeit gilt der Satz, daß, wer Gott sieht, stirbt, vgl. 2 Mose 33,20 und Jesaja 6,5. Als Mose nach der Erzählung Gott vor dem Aufbruch vom Sinai zu schauen wünschte, erhielt er von ihm zur Antwort: »Du vermagst mein Antlitz nicht zu sehen; denn kein Mensch, der mich sieht, überlebt.« Und als Jesaja nach der Überlieferung in seiner Berufungsstunde die gewaltige Erscheinung der göttlichen Majestät erblickte, soll er ausgerufen haben:

>»Wehe mir, daß ich schweigen muß,
> daß ich ein Mensch unreiner Lippen bin
> und mitten in einem Volk unreiner Lippen wohne,
> daß meine Augen den König Jahwe Zebaot gesehen!«

Stellen wir diese Urängste in Rechnung, begreifen wir das Auf und Ab, in dem Hiob mit diesem Gedanken ringt. Eben noch tritt er in höchster Siegesgewißheit vor Gott hin, 13,20 bis 26, vgl. auch oben, S. 72:

>»Nur zweierlei tue mir nicht an,
> dann will ich mich nicht vor dir verstecken:
> Entferne deine Hand von mir,
> dein Schrecken soll mich (nicht länger) entsetzen.
> Dann rufe und ich antworte dir,
> oder ich rede und du gibst zurück.
> Wieviel hab ich an Sünden und Vergehen,
> meine Frevel und Vergehen tue mir kund!
> Warum verbirgst du dein Antlitz vor mir
> und achtest mich als deinen Feind?

Willst du verwehtes Laub aufschrecken
und trockene Spreu verfolgen,
Daß du mir Bitternis verschreibst,
mich den Jugendsünden auslieferst?«

Aber im nächsten Augenblick ist diese unmögliche Möglichkeit, daß Gott und Hiob einander zum Rechtsstreit begegnen, schon wieder vergessen. Im folgenden, um die Vergänglichkeit des Lebens kreisenden Gebet macht er Gott den ganz anderen Vorschlag, ihn vorübergehend in der Unterwelt einzuquartieren, um dann zu entdecken, wie sehr er ihm fehlt, 14,13–17:

> »O könntest du mich in der Unterwelt verbergen,
> mich verstecken, bis sich dein Zorn gelegt.
> Du stecktest mir ein Ziel und gedächtest mein,
> ....[1]
> Alle meine Kriegstage wollte ich harren,
> bis mir die Ablösung käme!
> Du riefest mir und ich antwortete dir,
> du würdest nach dem Werk deiner Hände verlangen.
> Dann zähltest du meine Schritte nicht,
> würdest meines Fehlens nicht achten.
> Mein Frevel wäre im Beutel versiegelt,
> du ›übermaltest‹ meine Schuld!«

Aber wir wissen es so gut wie Hiob: Auch dies ist eine unmögliche Möglichkeit! Wir spüren aber, mit welcher Innigkeit er letztlich trotz seines Aufbegehrens seinem Gotte zugetan ist. Daher nimmt es uns auch nicht wunder, daß er sich mitten in den längst als Bezichtigungen durchschauten Belehrungen der Freunde zu der Gewißheit durchringt, daß Gott ihn nicht im Stiche lassen und sich als Rechtshelfer für ihn

---

[1] Der ursprüngliche Wortlaut der Halbreihe ist durch einen Bearbeiter verändert, der die Unmöglichkeit des Wunsches konstatierte.

einsetzen wird, 19,21 – 27. Höhepunkt dieses Vertrauensbekenntnisses ist das durch Händels Vertonung im »Messias« vertraute: »Ich weiß, daß mein Erlöser lebt.« Es wird uns verständlich erscheinen, daß gerade dieser Abschnitt widerstreitenden Bearbeitungen ausgesetzt war, von der eine das Wort auf die inzwischen auch im Judentum aufgenommene Auferstehungshoffnung bezog, während eine andere sie wieder zu verschleiern suchte. Daher bleibt unser Versuch, die Verse dem Horizont der Hiobdichtung gemäß zu rekonstruieren, teilweise ein Wagnis:

> »Erbarmt euch mein, erbarmt euch mein, ihr meine
> Freunde,
> denn es ist Gottes Hand, die nach mir schlug.
> Warum verfolgt ihr mich wie Gott,
> werdet ihr meines Fleisches nicht satt?
> O würden meine Worte aufgeschrieben,
> o würden sie in einer Inschrift eingeritzt,
> Mit eisernem Griffel, mit Blei (ausgegossen),
> für immer in einen Felsen gehauen! –
>
> Ich aber weiß, mein Löser lebt,
> erhebt sich als letzter über dem Staub.
> Dann ›richtet sich mein Helfer auf,
> meinen Zeugen‹ schau ich, Gott.
> Ja, ich sehe ihn dann selbst,
> meine Augen sehen ihn, er ist nimmer fremd.«

Fast wünschten wir, daß, wenn nicht das Buch, so doch der Dialog an dieser Stelle endete; denn wir hören wohl trotz aller historischen Belehrung aus diesen Worten unsere eigene christliche Hoffnung heraus und können uns daher von einer Fortsetzung nichts Gedeihliches mehr versprechen. Aufdeckung des geheimen Schicksalsgrundes können wir, solange wir leben, nicht erwarten. Mehr als das Vertrauen, daß Gott uns entgegen allem Augenschein väterlich leitet, daß er auch in der Nacht der Leiden dieser Welt nicht abgetreten ist, sie nicht verlassen hat, ist uns Menschen zu erreichen nicht gegeben. –

Aber der Dichter, der eine über den Tod hinausreichende Hoffnung und Gottesverbundenheit nicht kennt, mußte wohl fortfahren, es den Dulder nun doch auf die Gottesbegegnung ankommen zu lassen, mußte Hiob angesichts der unablässigen und zuletzt unverhüllten Bezichtigungen das letzte Wagnis eingehen lassen, 31,35–37:

> »Ach hätte ich einen, der mich hört!
> Da ist mein Zeichen! Steh Allwalt mir Red'!
> Doch die Schrift, die mein Verkläger geschrieben,
> ich wollt sie fürwahr auf die Schulter mir heben
> und sie mir als Kranz umwinden.
> All meine Schritte tät ich ihm kund,
> ich nahte mich ihm wie ein Fürst.«

Kann das, so fragt sich der Leser, ein gutes Ende nehmen? Darf so ein Mensch mit seinem Schöpfer reden, die Kreatur mit dem creator? Bleibt es nicht auch dann die von den Alten nicht nur in Israel ob ihrer Folgen gefürchtete Hybris, wenn der, der so redet, sich rein weiß?

III

Uns moderne Menschen hätte es nicht gestört, wenn Gott nun erschienen und Hiob gelinde angesprochen, ihm seine Unschuld bestätigt und die Heilung in Aussicht gestellt hätte. Wenn in der Dichtung statt dessen der nun weder als Gott oder Allwalt bezeichnete Jahwe im Sturmwind erscheint, bleibt auch bei dem Forscher eine Irritation, ob er hier noch die originale Stimme des Dichters vernimmt oder ob ein späterer Doktrinär den Dialog dem nach seiner Überzeugung einzig möglichen Ende zugeführt hat, indem er Gott den

Dulder, der die dem Menschen gesteckten Grenzen überschritten hatte, schroff zurückweisen und diesen selbst endlich die Buße tun ließ, die nach der Meinung seiner drei
Freunde wie nach der des verspätet auf der Bühne erschiene-
nen Elihu längst fällig gewesen wäre. Solche Zweifel können
sich auch aus der Beobachtung nähren, daß hinter der Her-
ausforderungsrede Hiobs in 31,40 die jetzt einigermaßen be-
fremdliche Regiebemerkung steht: »Zuende sind die Worte
Hiobs.« – Die Entscheidung wird zusätzlich dadurch er-
schwert, daß die in den Kapiteln 39–41 vorliegende Gottesrede ganz offensichtlich nicht aus einem Gusse ist. Das geht
unter anderem daraus hervor, daß Hiob in 40,3 f. zwar
erklärt:

> »Ja, ich bin zu gering, was kann ich dir antworten?
> Ich lege meine Hand auf meinen Mund.
> Einmal habe ich geredet und will nicht ›fortfahren‹,
> zweimal, und will es nicht wieder tun!«

dann aber in 42,2–6 noch einmal das Wort nimmt und dabei
sogar noch aus 33,31 und 38,2 f. zitiert. Daher gewinnt man
den Eindruck, daß die Gottesrede nachträglich in zwei Teile
zerlegt worden ist, um der kunstvollen Beschreibung des Be-
hemot und Liwjatan, hier: des Nilpferdes und des Krokodils,
Raum zu verschaffen. Der Grundbestand der auch sonst er-
weiterten Gottesrede ist jedenfalls daran erkenntlich, daß
Gott in ihr Hiob Fragen stellt, auf die er keine Antwort weiß,
so daß ihm bewußt wird, daß er nicht nur in seinem Leben,
sondern überall in der Schöpfung auf Gottes verborgene
Weisheit stößt.

Es ist hier nicht der Ort, uns auf die Wachstumsprobleme
der Gottesrede einzulassen. Wir geben im folgenden die beiden ersten Kapitel derselben wieder, schalten dabei in Kapitel
38 die Verse 19 und 20 aus, weil sie hinter den Anfang der 3.
Strophe zurückfallen. Und ebenso übergehen wir im 39. Kapitel vorerst die sachlich besonders ergiebige, sich mit dem

Strauß beschäftigende Strophe, um sie anschließend für sich zu betrachten. Sie ist nach fast einhelliger Meinung der Forscher erst nachträglich eingefügt. An ihrem Beispiel können wir uns vergegenwärtigen, daß mit der Bestimmung eines Bibelabschnittes als eines Bearbeitungszusatzes keine Vorentscheidung über seinen sachlichen Wert verbunden ist. Wir hätten früher darauf aufmerksam machen können, haben aber darauf vertraut, daß der Leser diese Folgerung längst selbst gezogen hat, wenn er beobachtete, wie wir aus solchen, in der Fachsprache als »literarkritisch« bezeichneten Einsichten in keinem Fall ungeprüft negative Konsequenzen gezogen haben, sondern bemüht waren, jeden Text seine Sache vortragen zu lassen. Die Bedeutung eines Bibelabschnitts und selbst eines ganzen biblischen Buches hängt eben nicht von seinem Alter oder der Bejahung der traditionellen, im Judentum entwickelten Ansicht über seinen Verfasser, sondern allein von ihrem Inhalt ab. Hören wir also, was Jahwe Hiob in seiner ersten, hier allein von uns berücksichtigten Rede sagt, Kapitel 38–39:

»Da antwortete Jahwe Hiob aus dem Wetter und sprach:

Wer verdunkelt da den Plan
mit Worten der Einsicht bar?
Gürte doch wie ein Mann deine Lenden,
daß ich dich frage und du mich belehrst!

Wo warst du, als ich die Erde gegründet?
Gib Antwort, wenn du Einsicht besitzt!
Wer setzte ihre Maße fest? Du weißt es ja!
Oder wer hat über ihr die Meßschnur gespannt?
Worauf sind ihre Sockel eingesenkt,
oder wer hat ihren Eckstein gesetzt
Unter dem Jubel der Morgensterne,
als alle Göttersöhne jauchzten?

Als ›ich‹ mit Türen das Meer verschloß,
da es brausend aus seinem Schoße brach,

Als ich Wolken zu seiner Bekleidung nahm
und Wolkendunst zu seinen Windeln,
Als ich ihm ›seine‹ Grenzen ausbrach
und ihm Riegel und Türen setzte:«
Bis hierher komme und weiter nicht,
hier ›lege sich der Stolz‹ deiner Wellen!

Befahlst du in deinen Tagen dem Morgen,
wußtest du dem Frührot seinen Ort,
Daß es die Enden der Erde berührt,
um die Frevler von ihm abzuschütteln.
Sie wandelt sich wie Ton unterm Siegel[1]
und färbt sich wie ›ein Gewand‹,
So daß sie den Frevlern ihr Licht[2] entzieht,
der erhobene Arm zerbrochen wird.
Bist du zu den Quellen des Meeres gekommen
und hast du den Grund der See begangen?
Zeigten sich dir die Pforten des Todes
und hast du der Finsternis ›Pförtner‹ erblickt?
Merktest du auf die Breiten der Erde?
Sag's, wenn du sie ganz erkannt!«
Du weißt es ja, weil du damals geboren
und weil so groß deiner Tage Zahl!

Kamst du zu den Schatzhäusern des Schnees
und sahst du ›die Schatzmeister‹ des Hagels,
Die ich für die Zeit der Drangsal aufgespart,
für den Tag des Angriffs und der Schlacht?
Wo liegt der Weg, da ›der Wind‹ sich teilt,
›sich‹ der Ostwind ›verbreitet‹ über die Erde?
Wer furchte der Regenflut einen Graben
und eine Bahn dem Donnergegroll,
Um Regen zu geben auf Land ohne Menschen,

[1] Das heißt: sie nimmt im Frühlicht Gestalt an.
[2] Das heißt: sie haben kein Glück mehr.

auf Steppen, in denen niemand verweilt,
Um satt zu machen Öde und Ödland
und Gras ›aus dem Dürren‹ sprossen zu lassen?
Aus wessen Leibe kam das Eis,
des Himmels Reif, wer zeugte ihn?
Wie Stein ›ziehen sich die Wasser zusammen‹,
und die Fläche der See ›versteckt sich‹.

Kannst du die Fesseln der Plejaden binden
oder die Bande des Orion lösen?
Führst du die Hyaden zu ihrer Zeit hinaus
und leitest du die Löwin mit ihren Jungen?
Kennst du des Himmels Ordnungen
und erlegst seine Schrift der Erde auf?
Erhebst du deine Stimme zur Wolke
und ›gehorcht dir‹ der Wasserschwall?
Schickst du die Blitze, so daß sie gehen
und zu dir sagen: Da sind wir?
Wer verlieh dem Ibis Weisheit
und wer gab dem Hahn Verstand?[1]
Wer zählt sachkundig die Wolken
und die Himmelsschläuche, wer kippt sie um,
Wenn der Boden hart wird wie Metall
und die Schollen zusammenbacken?

Kannst du der Löwin den Raub erjagen
und die Gier der Jungen stillen,
Wenn sie sich auf den Lagern ducken,
im Dickicht auf der Lauer liegen?
Wer verschafft dem Raben seine Nahrung,
wenn seine Jungen zu Gott schreien

. . . . [2]

sie ohne Futter umherirren?

[1] Gemeint ist ihre Wetterfühligkeit.
[2] Eine Zeile ist den Abschreibern ausgefallen.

Kennst du die Zeit der Felsenböcke,
gibst du auf das Kreißen der Hinden acht?
Zählst du die ihnen obliegenden Monde
und kennst du die Zeit für ›ihren‹ Wurf?
Sie brechen nieder, werfen ihre Jungen,
entledigen sich ›ihrer‹ Frucht.
Ihre Kinder erstarken, wachsen im Freien heran,
ziehen davon und kehren ihnen nicht wieder.

Wer ließ dem Onager freien Lauf,
und des Zebras Fesseln, wer löste sie,
Dem ich die Steppe zur Bleibe bestimmte,
das Salzland zu seinem Aufenthalt?
Er lacht über den Lärm der Stadt,
hört kein Gebrüll des Treibers.
›Er erkundet‹ die Berge, seine Weide,
ist hinter allem Grünen her!
Wird dir der Wildstier dienen wollen
oder an deiner Krippe übernachten?
›Bindest du ihn‹ mit Stricken an sein Joch,
oder wird er den Talgrund hinter dir furchen?
Vertraust du ihm bei seiner großen Kraft,
daß du ihm deine Arbeit überließest?
Glaubst du, daß er etwas zurückbringt,
daß er deine Saat ›zur Tenne‹ schafft?

Gibst du dem Rosse seine Stärke,
bekleidest seinen Hals mit der Mähne?
Läßt du es wie einen Heuschreck springen?
Furcht verbreitet sein stolzes Schnauben,
Wenn es fröhlich im Tale ›scharrt‹,
kraftvoll der Schlacht entgegenzieht.
Unerschrocken lacht es der Angst,
flieht nicht vor dem blanken Schwert,
Wenn über ihm der Köcher klirrt,
Lanze und Krummschwert erblitzen.

Tobend und bebend verschluckt es die Erde,
glaubt kaum, wenn die Hörner blasen!

. . . . [1]

So oft das Horn tönt, wiehert es: Hei!
Es wittert den Kampf aus der Ferne,
das Lärmen der Führer, das Schlachtgeschrei!

Dank deiner Einsicht schwingt sich der Falke auf,
breitet er seine Schwingen gen Süden?
Baut er gar seinen Horst auf dein Geheiß'
und nächtigt auf einem Felsenzahn?
›Von der Warte‹ späht er nach Beute aus,
weithin blicken seine Augen.
Blut wollen ›seine Jungen schlürfen‹,
wo Erschlagene liegen, ist er da!«

Wer das Vokabular der Psalmen und Propheten im Ohr hat,
deren Gedanken um das Verhältnis zwischen Mensch und
Gott und Gott und Volk kreisen und in denen demgemäß
nur selten der Blick an der Natur haftet, wird sich wundern,
wenn er diese grandiose Dichtung mit der Frische ihrer Beobachtungen liest. Gewiß waren die Menschen jener Zeit
und zumal auch jenes Landstriches, in dem wir den Dichter
vermuten dürfen, nämlich in der palästinischen Heimat,
nicht sehr tief in die Geheimnisse der Kosmologie und Me-
teorologie eingedrungen. Vieles, was uns heute mehr oder
weniger selbstverständlich ist, war ihnen ein Rätsel geblieben.

Wenn der Dichter Hiob nach den Anfängen der Erdentste-
hung fragt, wenn er ihn zum Totenreich hinabführt, das die
Alten tief unter der Erde und dem sich unter ihr erstrecken-
den Urmeer suchten, ist das für uns eine vergangene Welt.
Und ähnlich dürfte es uns ergehen, wenn er uns nach den
Kräften fragt, welche die Sternbilder zusammenhalten und

---

[1] Wiederum ist eine Zeile den Abschreibern verlorengegangen.

Wind und Wetter regieren. Und wenn er uns durch das Tierreich führt, werden wir schnell mit einem Verweis auf die Instinkte zur Hand sein. Aber wir brauchen seine Fragen nur zu radikalisieren und sagen: Warum gibt es überhaupt diese Welt, warum gibt es etwas und vielmehr nicht nichts? Wie kommt es, daß es uns Menschen gibt, diesen jenseits aller Wahrscheinlichkeit liegenden Zufall? Und woher kommt überhaupt das Leben? Denn wenn wir wissen, nach welchen Regeln sich die Zelle teilt, kennen wir noch lange nicht das Geheimnis des Lebens. – Oder wie ist es möglich, daß unsere Sinnesorgane nicht nur die Daten der Außenwelt aufnehmen, sondern wir auch um sie wissen? Wie wirken überhaupt Seele und Leib, Geist und Materie aufeinander? Wenn wir die Fragen so stellen, brauchen wir keineswegs abzustreiten, welche gewaltigen Fortschritte der menschliche Geist in den letzten fünfhundert Jahren gemacht hat. Aber je gründlicher wir uns mit ihnen beschäftigen, desto mehr erkennen wir, daß nicht nur die Welt, sondern auch wir selbst in unserem Dasein und Sosein ein tiefes Geheimnis geblieben sind, so daß wir ehrfürchtig zurücktreten. So sollte es nach der Absicht des Dichters auch Hiob ergehen und allen, die sich gegen Gottes Fügung auflehnen oder sie nur zu genau zu durchschauen wähnen.

Das kleine Gedicht über die Straußin in 39,13–18 ist, wie seine Rede von Gott in der 3. Person zeigt, von einem späteren Leser eingefügt worden. Wir sind gut beraten, wenn wir uns auf seine frühwissenschaftlichen, schlichten Naturbeobachtungen einlassen, ohne sie vom heutigen Kenntnisstand her zu kritisieren, weil uns dann seine Botschaft verlorengeht. Er will am Beispiel des Straußenweibchens zeigen, wie widersprüchlich sich dem Menschen Gottes Schöpfung darstellt, ohne daß es ihm möglich ist, den beobachteten Gegensatz aufzulösen. Dabei ist der Leser stillschweigend dazu aufgefordert, den Rückschluß auf die Rätsel des eigenen Lebens zu ziehen: So wenig es ihm in seinem endlichen Verstand gelingt, die Paradoxie in der Ausstattung des Vogels Strauß auf-

zulösen, vermag er dies im Blick auf die Leiden der Welt.
Doch indem er mit einer positiven Aussage über den Vogel
schließt, legt er zugleich nahe, die Rätsel Rätsel seinzulassen
und darauf zu vertrauen, daß es Gott gut mit dem Menschen
meint.

Auf den ersten Blick handelt es sich bei dem Straußenweib-
chen um ein von seinem Schöpfer mißgünstig ausgestattetes
und geradezu törichtes Geschöpf; denn es schlägt zwar heftig
mit seinen Flügeln, vermag aber trotzdem nicht zu fliegen.
Weiterhin benutzt es sie weder zum Ausbrüten der Eier noch
deckt es sie über seine Jungen, sondern läuft, wenn eine Gefahr aufzieht, davon. Doch wird es von einem Reiter gejagt,
entwickelt es ein solches Tempo und eine solche Ausdauer,
daß es seine Verfolger mühelos abschüttelt:

>»Unruhig schlägt die Straußin ihre Flügel,
es ist kein Reiher- oder Falkenflug.
Sie übergibt der Erde ihre Eier
und läßt sie sich vom Boden wärmen,
Denn sie vergaß, daß sie ein Fuß zerdrücken
und sie das Wild zertreten kann.
Hart ist sie gegen ihre Jungen wie zu fremden,
ob ihre Mühe eitel, schert sie nicht.
Denn Gott ließ sie die Weisheit vergessen
und teilte ihr keine Einsicht zu.
Doch wenn sie in die Höhe schnellt,
verlacht sie Roß und Reitersmann.«

Bedurfte es der in 40,1 f. enthaltenen, vorerst abschließend an
Hiob gerichteten Frage, um ihn zu der Einsicht zu führen,
daß er in seinem Hadern mit Gott zu weit gegangen ist?

»Da antwortete Jahwe Hiob aus dem Wetter«, heißt es,
»und sprach:

Will mit Allwalt rechten der Tadler?
Der Gott zurechtwies, gebe Bescheid!

Da antwortete Hiob und sprach:

Ja, ich bin zu gering, was kann ich dir antworten?
Ich lege meine Hand auf meinen Mund ...«

Ist bei der Einfügung der zweiten Gottesrede auch die Antwort Hiobs in zwei zerlegt? Oder hören wir in 42,2–6 einen noch Späteren, dem die erste nicht genügte, weil er Hiobs Schuldbekenntnis für unerläßlich hielt? Über Vermutungen kommen wir an dieser Stelle bislang nicht hinaus:

»Ich habe erkannt, daß du alles vermagst,
nichts, was du vorhast, ist dir zu schwer.
Daher redete ich, der Einsicht bar,
von Dingen, die für mich zu hoch, ohne Kenntnis.
Vom Hörensagen nur hatte ich von dir gehört,
doch jetzt hat dich mein Auge gesehen.
Daher leiste ich Widerruf und bereue
in Staub und Asche.«

War dieser Widerruf nach alttestamentlichem Empfinden unumgänglich? Mußte, wer Gott entgegentrat, nicht mit seiner vernichtenden Zurechtweisung rechnen? Und war es demgemäß nicht eine Gnade, daß sich Gott im Wetter verborgen hielt, so daß sein Anblick Hiob nicht tötete? Die vom Dialog zur Erzählung überleitende Episode hat sich die Dinge wohl so zurechtgelegt. Sie läßt sich Jahwe an Elifaz wenden, um ihm zu erklären, daß er samt seiner beiden Freunde anders als Hiob falsch von ihm geredet habe und daher ein Schuldopfer darbringen müsse, um dann dank Hiobs Fürbitte der verdienten Strafe zu entgehen, 42,7 ff. Ganz ohne Spannung schließt die Szene an das Vorausgegangene nicht an; denn dort ist ja nicht vorausgesetzt, daß Hiob so schlechthin richtig von Gott geredet hat. Aber nun wird dem Leidenden nicht im einzelnen vorgerechnet, worin er gefehlt. Es kommt dem hier das Wort nehmenden Erzähler vielmehr darauf an, festzustellen, daß die vermeintlich fromme Theorie der Freunde der Wahrheit widerspricht, der unbedingte Rückschluß vom Leiden eines Menschen auf seine Schuld Hybris ist, eine Überschreitung der dem Menschen gezogenen Grenzen darstellt.

Die Erzählung geht zur Zufriedenheit der Hörer aus: Hiob erhält von seinen zum Trostbesuch herbeigeeilten Freunden und Bekannten einen stolzen Notgroschen und wird von Jahwe erneut mit Kindern gesegnet, wobei schon die Namen der Mädchen, die verdeutscht »Turteltaube«, »Zimtblüte« und »Schminkbüchse« lauten, andeuten, daß er an ihnen seine reine Freude haben konnte. Und da ihm auch sein verlorener Viehbesitz zwiefach ersetzt wurde, fehlte nichts an seinem Glück. Nachdem er Kinder und Kindeskinder bis ins vierte Glied gesehen hatte, starb er alt und lebenssatt; denn in seinem Glück waren ihm nicht weniger als hundertundvierzig Jahre, ein doppeltes Menschenleben, beschieden, Psalm 90,10.

IV

Was den Menschen verschlossen bleibt, wissen die Himmlischen. Und so ist es verständlich, daß ein Späterer – und vielleicht in der Tat der Mann, der Dichtung und Erzählung vereinte –, in diese Himmelshöhen griff, um das Rätsel des leidenden Hiob, das trotz all des Gesagten unaufgeklärt geblieben war und unaufgeklärt bleiben sollte, ein wenig zu lüften. Dabei bediente er sich der Gestalt des Satans, des »Widersachers«, der seit den letzten Jahrzehnten des 6. Jh. v. Chr. die Phantasie der Juden zu beschäftigen begonnen hatte. Die religionsgeschichtlichen Wurzeln dieses Anklägers und Verneiners sind der Forschung trotz mancher Vermutung bis heute dunkel geblieben. – Um dem Lösungsversuch dieses Mannes zu folgen, müssen wir noch einmal zum Anfang des Buches zurückkehren, noch einmal die Erzählung von Hiobs Glück und Frömmigkeit lesen, vgl. oben S. 46f., um dann,

noch ehe die »Hiobsboten« eintreffen, mit 1,6–12 fortzu-
fahren:

»Als die Göttersöhne eines Tages kamen, um vor Jahwe zu
treten, kam mit ihnen zusammen auch der Satan. Da sagte
Jahwe zum Satan: Woher kommst du? Da antwortete der Satan
Jahwe und sagte: Vom Umherschweifen auf Erden und vom
Umherziehen auf ihr! Da sagte Jahwe zum Satan: Hast du auch
auf meinen Knecht Hiob acht gegeben? Denn es gibt keinen auf
Erden, der so rechtschaffen, aufrichtig und gottesfürchtig ist
und sich vom Bösen fern hält wie er! Da antwortete der Satan
Jahwe und sagte: Ist Hiob etwa umsonst gottesfürchtig? Hältst
du nicht ihn, sein Haus und alles, was sein ist, rings umhegt?
Das Werk seiner Hände hast du gesegnet, sein Vieh hat sich im
Lande ausgebreitet. Aber strecke nur deine Hand aus und
rühre alles an, was sein ist: dann wird er dich gewiß ins Angesicht hinein verfluchen! Da sagte Jahwe zum Satan: Wohlan,
alles, was sein ist, sei in deiner Hand. Nur gegen ihn selbst
strecke nicht aus deine Hand! – Da ging der Satan fort von
Jahwes Angesicht.« Und dann ereignete sich alles, was wir
bereits früher durch den Mund der Boten erfahren haben.

Die zweite Himmelsszene ist so fest gefügt, daß man Hiobs
Erkrankung nicht aus ihr herauslösen kann. Eben deshalb
nehmen wir an, daß beide Szenen von dem Manne eingesetzt
worden sind, der Erzählung und Dialog komponierte, weil
dieser ganz eindeutig mit einer schweren Krankheit Hiobs
rechnet, während der Schluß der Erzählung in 42,11–17 von
ihr nichts weiß. Hier liefen die Dinge sehr viel einfacher: Auf
die Kunde von den schweren Schicksalsschlägen, die Hiob
getroffen hatten, kamen sogleich seine Freunde und Bekannten, um ihn zu trösten und ihm zu helfen, während Jahwe mit
seinem nachfolgenden Segen allen Schaden wieder gut
machte. »Nimm dein Leid und nimm deine Schicksalsschläge
wie Hiob aus Gottes Hand; denn dann wird er dich wieder zu
Ehren bringen!« lautete die Lehre dieser Meisternovelle. Jetzt
erhält der weisheitliche Rat jedoch eine neue, ihn ergänzende

Auslegung. Doch ehe wir uns ihr zuwenden, müssen wir erst noch die zweite Himmelsszene lesen, 2,1–10:

»Als die Göttersöhne eines Tages kamen, um vor Jahwe zu treten, kam mit ihnen zusammen auch der Satan, um vor Jahwe zu treten. Da sagte Jahwe zum Satan: Woher kommst du? Da antwortete der Satan Jahwe und sagte: Vom Umherschweifen auf Erden und vom Umherziehen auf ihr! Da sagte Jahwe zum Satan: Hast du auch auf meinen Knecht Hiob acht gegeben? Denn es gibt keinen auf Erden, der so rechtschaffen, aufrichtig und gottesfürchtig ist und sich vom Bösen fernhält wie er. Umsonst hast du mich angestiftet, ihn zu verderben! Da antwortete der Satan Jahwe und sagte: Haut um Haut! Alles, was einem Mann gehört, gibt er hin für sein Leben! Aber strecke nur deine Hand aus und rühre sein Gebein und sein Fleisch an: dann wird er dich gewiß ins Angesicht hinein verfluchen! Da sagte Jahwe zum Satan: Wohlan, er sei in deiner Hand. Doch schone sein Leben! Da ging der Satan fort von Jahwes Angesicht und schlug Hiob mit bösem Geschwür von seinem Scheitel bis zu seiner Sohle. Da nahm er einen Scherben, sich mit ihm zu schaben, und saß dabei mitten in der Asche. Da sagte sein Weib zu ihm: Hältst du noch fest an deiner Rechtschaffenheit? Fluche Gott und stirb! Da sagte er zu ihr: Wie eine Törin redet, so redest auch ›du‹! Das Gute nehmen wir von Gott, aber das Böse nehmen wir nicht an! – Bei all dem hat sich Hiob nicht mit seinen Lippen versündigt.«

Ist das, so fragt sich der moderne Leser befremdet, ein allmächtiger, allgütiger und allwissender Gott, der hier ob der Infragestellung seiner Ehre durch einen Hofschranzen seinen treuesten Knecht ins Leiden stürzt, ihm seine Herden und seine Kinder raubt und so auch die Mutter tief unglücklich macht? Ist dieser Gott selbst nicht zu einem Dämon, einem Satan, einem Widersacher des Menschen geworden? Denn es bleibt ja in der Erzählung kein Zweifel darüber, daß dieser Irrgeist ohne seine Erlaubnis nicht die geringste Macht über die Menschen besitzt. Wäre dieser Versuch, der Erzählung nachzuhelfen, nicht besser unterblieben, weil er den Leser noch ernsthafter an Gottes Güte zweifeln läßt als es das Hiobbuch auch sonst schon bewirken könnte? Man braucht nur einen Lehrer zu fragen, was seine aufgeweckte Schülerschar ihm an Fragen und Einwendungen vorgelegt hat, als er versuchte, diese Geschichte mit ihnen zu lesen. Lassen sich die dem natürlichen Empfinden entwachsenden Einwände widerlegen oder sollten wir unumwunden zugeben, daß die ganze Satanologie in der Bibel wie in der Kirchengeschichte mehr Probleme mit sich gebracht als gelöst hat? War es nicht Schleiermacher, der erklärt hat, daß zum Glauben an Gott der Glaube an den Teufel nicht nötig ist?

Mag die Grundsatzfrage hier auf sich beruhen, weil sie sich keinesfalls mit wenigen Sätzen beantworten läßt, ist es doch möglich, freundlicher, verständiger mit dem Erzähler umzugehen. Wir müssen uns bewußt machen, daß weder die alte Erzählung noch die Dialogdichtung letztlich eine Antwort auf die Frage nach dem Warum des Leides geben will. Beide wollen vielmehr zeigen, wie sich der Mensch Gott gegenüber im Leiden zu verhalten hat. Der Dialog weist ja denn auch die in seinem Volke umgehenden Deutungsversuche ausdrücklich als kurzschlüssig und letztlich gottlos zurück. Der Brückentext zwischen Dichtung und Erzählung hat das unterstrichen, indem er statt Hiob die Freunde zum Schuldopfer und damit zur Bußfeier verpflichtet. Richtiger ist es, sagt uns das ganze Buch, wenn wir von den Elihureden und den ihnen gemäßen Zusätzen absehen, wenn sich der Mensch in seinem unverschuldeten Leid an das Gottvertrauen hält, auf seine verborgenen Fügungen baut, statt sein Gewissen zu martern und zu quälen. Auch unserem Erzähler geht es darum, den Gedanken an eine Hiobs Leiden verursachende Schuld auszuschließen. Zweimal läßt er Gott das Urteil des ersten Satzes des ganzen Buches über Hiob bestätigen: Es gibt keinen Menschen, der es mit ihm an Frömmigkeit und Lauterkeit des Wandels aufnehmen kann.

Aber nun verdächtigt der Satan in Hiob Frömmigkeit und

Glauben aller Menschen als ein bloßes Geschäft: Der Mensch hält sich nicht umsonst an Gott. Seine Frömmigkeit, seine Religion, – sein Christentum –, sind nichts als eine Rechnung mit dem Himmel. Geht sie auf, ist alles in Ordnung. Schlägt sie fehl, ist es mit dem Glauben zu Ende. In Wahrheit gilt demnach die Frömmigkeit nicht Gott, sondern dem Menschen selbst. Er liebt und fürchtet Gott nicht, weil er Gott ist, sondern weil er in ihm den himmlischen Garanten seines Wohlergehens und damit einen Glücksgötzen sieht. Wer einen Menschen nur um der Vorteile willen hofiert, die er sich von ihm verspricht, ihn aber nicht selbst meint, mißbraucht er den anderen als Mittel, degradiert ihn zum bloßen Werkzeug. Nicht anders verhält es sich mit unserem Umgang mit Gott. So stehen mit den Bezichtigungen des Satan Gottes und des Menschen Ehre zugleich auf dem Spiel; ja, auch des Menschen Ehre, denn wer den anderen als bloßes Mittel mißbraucht, verleugnet in seiner die eigene Würde. Diesen Verdacht kann der Mensch nur widerlegen, indem er auch im dunklen, unverschuldeten Leid Gott die ihm gebührende Ehre erweist und sein Leiden geduldig erträgt. Genau das tut Hiob. Das besagen seine Worte, die er nach dem Eintreffen der Unglücksboten und die er zu seiner Frau auf dem Aschenhaufen spricht. Der Mensch besitzt keinen Rechtsanspruch gegenüber Gott auf sein Glück. Wird es ihm zuteil, so ist es Gnade.

Mithin geht es auch in den beiden Satanszenen letztlich darum, wie sich der Mensch im Leiden verhalten soll und, das eben soll das Beispiel des frommen Hiob lehren, verhalten kann. Dabei liegt es, so können wir nun im Blick auf das ganze Buch sagen, an den Freunden und Nachbarn, ihn nicht aus seinem Vertrauen und seinem Glauben durch törichte Reden herauszureißen noch ihn mit einem vermeintlichen Besserwissen und Durchschauen von Gottes unergründlichem Handeln um die Vernunft zu bringen; denn der wahre Glaube weiß nur das eine, daß sein Leben in Gott gegründet ist. Wer mehr zu wissen meint, prüfe sich angesichts des Hiobbuches, ob er es etwa mit dem Ideologen Elihu hält. Die Erzählung von der himmlischen Abmachung oder, wie man gern, wenn auch nicht eigentlich zutreffend sagt, der himmlischen Wette hat jedoch noch eine Konsequenz, die hier ausdrücklich hervorgehoben zu werden verdient, obwohl sie sachlich nicht über das bereits Gesagte hinausführt. Sie gibt dem Menschen die Möglichkeit, seinem Leiden einen Sinn zu geben, wo jede Erklärung versagt und oft genug auch keine irdische Hoffnung mehr bleibt. Er kann es als Zeugnisleiden für Gottes Ehre auf sich nehmen. – Ist das der Höhepunkt der Ideologisierung, eine Überbietung selbst dessen, was sich die Freunde Hiobs geleistet haben? Der Erzähler dachte anders, und wer an Sterbebetten gestanden hat, auf denen einer lag, der die in fassungslosem Schmerze Abschied nehmenden Lieben durch seine Hoffnung auf Gott zu trösten verstand, der weiß, wovon hier die Rede ist.

KAPITEL 6

Von Gott als Grenze der Selbstverwirklichung und dem für den Menschen möglichen Glück

oder

Aus den Blättern des Predigers Salomo

I

In diesem Kapitel geht es im wesentlichen um die Konsequenzen aus der Einsicht, daß sich Gott vom Menschen nicht in die Karten sehen läßt. Sie haben mit seiner Gottheit zu tun; denn ein für den Menschen berechenbarer Gott wäre ein Automat oder ein toter Götze. Aber sie haben ebenso notwendig mit der Frage nach unserem Glück zu tun, insofern wir bei allem, was wir nur wollen, tun oder lassen, letztlich unser Glück wollen. Lediglich die Tatsache, daß es nicht nur aus Essen und Trinken besteht, verschleiert uns diesen Sachverhalt.

Doch ehe wir uns dem Anonymus, dem namenlosen Weisheitslehrer, der als der »Prediger Salomo« in die Geschichte eingegangen ist, zuwenden, wollen wir noch ein wenig über die Macht der Ideologie meditieren und uns schon vorweg – und ebenso auch im nachhinein – die Frage vorlegen, welche ethischen, praktischen Konsequenzen die Einsicht in die Verborgenheit des Gotteshandelns am Menschen hat. Denn wir werden sehen, daß der Prediger nicht all unsere, in diese Richtung gehenden Fragen beantworten wird. In ihm werden wir vor allem einem Manne begegnen, dessen Denken um die Unmöglichkeit eines Schicksalspaktes mit Gott und das dem kurzlebigen Menschen mögliche Glück kreist. Der weisheitlichen Tradition gemäß stellt er beide Fragen streng individualistisch oder, so sollten wir vielleicht etwas freundlicher sagen, fundamental. Denn die Beschäftigung mit dem Individuum bleibt gegenüber der mit der Gattung immer das Konkretere, wenn auch nicht notwendig das Letzte.

Es wird uns auffallen, mit welcher Leidenschaft dieser Denker sich mit der gleichen Ideologie auseinandersetzt und demgemäß auch auseinandersetzen muß, so als wäre das Hiobbuch gar nicht geschrieben. In der Tat dürfte es inzwischen längst in die Hände der Traditionalisten gefallen und mittels der Elihureden und der ihnen entsprechenden Bearbeitungen um seinen ursprünglichen Sinn gebracht worden sein. Es ist keineswegs so, daß eine Ideologie, einmal als solche erkannt, auch schon ihre Kraft verliert. Es scheint ganz im Gegenteil so zu sein, daß ihre Vertreter dann alles daran setzen, ihre Gegner mundtot zu machen und sich nach neuen Kleidern für ihr Gedankengespinst umsehen. Dahinter steckt die Angst des Menschen vor der Offenheit der Zukunft. Angesichts der Alternative, sie entweder im Glauben an Gott auszuhalten und so eine immer neue Wirklichkeit zu ihrem Recht kommen zu lassen oder sie sich mittels eines Gedankenfabrikats zu verschleiern, neigen die Menschen überwiegend zu der zweiten Möglichkeit und zeigen damit, daß sie eine trügerische Sicherheit der Wahrheit vorziehen. Der Glaube ist eben offensichtlich nicht jedermanns Ding, obwohl er es nach all dem, was wir bisher gesagt haben, ganz unbedingt sein müßte und sollte, zum Beispiel schon um den Scheiterhaufen der Ideologen endlich ein Ende zu setzen.

Daß sich in den spätbiblischen, frühhellenistischen Zeiten die frömmelnde Ideologie erneut durchsetzen konnte, liegt nicht zuletzt an ihrem Appell an das Verantwortungsbewußtsein, der das naive Glücksverlangen des Menschen auf seiner Seite hat. Denn er stellt ihm den schlechterdings idealen Zustand, daß jedem Menschen seine Glückseligkeit nach dem Maße seiner Würdigkeit gegeben wird, nicht etwa als fernes Ziel der Geschichte oder sich nach dem Tode verwirklichende Verheißung, sondern als das schon jetzt geltende göttliche Grundgesetz der Welt vor Augen.

Jeder, der sich selbst prüft, wird zugeben, daß eine derartige moralische Weltordnung schlechthin als ideal zu betrachten wäre; denn wenn sie auf Erden als ausnahmsloses Gesetz waltete, würden wir Menschen es schon um unserer Selbsterhaltung willen sehr schnell lernen, ihr zu entsprechen. Die Folgen für den Gang der Geschichte wären unabsehbar, weil jeglicher Machtmißbrauch, jede Verlogenheit, jeder kalte und menschenverachtende Egoismus unübersehbar die Rechnung präsentiert bekäme. Mithin würden sowohl die Staaten wie die einzelnen kein anderes Bestreben kennen, als dem göttlichen Weltgesetz zu entsprechen. So müßte in Kürze der ewige Friede erreicht und das Leben auf dieser Erde längst ein paradiesisches geworden sein; denn statt einander zu mißtrauen und zu befehden, hätten wir längst alles Gegeneinander fahren lassen, um miteinander diese Erde zur gemeinsamen Heimat zu gestalten. Damit wäre das Ideal Wirklichkeit geworden, die Weltgeschichte als Geschichte der Freiheit an ihr Ziel gelangt. Die frömmelnde Ideologie behauptete, daß das Ideal bereits gelte. Und sie wurde darin vermutlich anfangs auch dadurch bestärkt, daß in ihren überschaubaren Gemeinschaften eine einfache Sittlichkeit herrschte, die den Menschen zur Achtung vor den Rechten des anderen erzog und für die wechselseitige Nachbarschaftshilfe in allen Nöten des Alltags etwas Selbstverständliches war.

Ein Blick in die Realität unseres eigenen Lebens wie in die Weltgeschichte ist jederzeit ausreichend, um das von der spätbiblischen Ideologie unterstellte Gleichgewicht zwischen unserer Glückseligkeit und unserer moralischen Würdigkeit zu bestreiten, es sei denn, wir bestimmten die Glückseligkeit in grundlegender Abweichung von den biblischen Weisen nicht mehr als Erfolg, Glück, Gesundheit und langes Leben, sondern allein als ein inneres Gut. Geht es aber gerade um die Übereinstimmung zwischen moralischer Würdigkeit und sich welthaft verwirklichender Glückseligkeit, müssen wir eingestehen, daß es sich dabei um ein alle Erfahrung übersteigendes, transzendentales Ideal handelt. Daraus folgert, daß wir in der konkreten Wirklichkeit mit dem Konflikt zwischen Pflicht und Neigung leben müssen. Denn die Pflicht ruft zum Gehorsam gegenüber dem Sittengesetz auf, die Neigung verlockt, den aus ihm sich ergebenden Schwierigkeiten aus dem

Wege zu gehen, die Feigheit, schon gar nicht um seinetwillen das eigene Leben zu wagen.

Dabei wissen wir sehr genau, wie wir uns eigentlich zu entscheiden hätten. Denn wenn Pflicht ihrem Charakter nach, wie sie Kant bestimmt hat, Notwendigkeit einer Handlung aus Achtung vor dem Gesetz ist, duldet sie keine Rücksicht auf unsere Neigung und auf unsere Feigheit, sondern fordert sie unseren unbedingten Gehorsam. Daß sich dies in der Tat so verhält, geht schon daraus hervor, daß die Kunde von Menschen, die wie Sokrates und Jesus von Nazareth aus Pflicht gehandelt und ihren Tod nicht gescheut haben, allezeit erschütternd und Ehrfurcht erweckend gewirkt hat, wenn die Neigung auch eine so große Macht ist, daß sie mehr Bewunderer als Nachfolger gefunden haben. Definieren wir die Pflicht inhaltlich und wiederum in der Nähe zu Kant so, daß sie von uns verlangt, andere Menschen niemals als bloße Mittel für unsere eigenen selbstsüchtigen Zwecke zu gebrauchen, sondern stets als Wesen, die sich selbst ein Zweck sind, brüderlich zu achten und zu ehren, und bedenken wir gleichzeitig, daß der Staat als der allgemeine Zweck ebenso an dieser Würde partizipiert wie er gehalten ist, die des einzelnen zu respektieren, besitzen wir einen Kompaß, der uns grundsätzlich als Wegweiser dienen und uns im Konfliktfall sagen kann, wie wir uns zu verhalten haben. Gegen diesen einfachen Grundsatz, daß jeder Mensch vom anderen Menschen als Mensch respektiert und nicht zur Sache degradiert werden will, kommt kein Gerede von der Relativität der Ethik an. Man verwechselt in der Diskussion weithin die Erscheinungsformen und Ausgestaltungen mit dem Grundsatz selbst und übersieht, daß die Ausnahmen durch Auslegungen mit dem Grundsatz in Übereinklang gebracht worden sind. So geschieht es ja auch noch heute, daß man Menschen, die man vernichten will, vorher zu Unmenschen und Inkarnationen des Bösen erklärt.

Es ist denn auch auffällig, daß der Dichter des Hiobdialoges zwar unsere Möglichkeit, Gottes Handeln am Menschen auf eine Formel zu bringen und aus dem Leid des Menschen auf seine Schuld zu schließen, bestreitet, aber keinen Zweifel an unserer Pflicht, dem Sittengesetz zu gehorchen, gelassen hat. An keiner Stelle ließ er seinen Hiob erklären, er wolle, weil es sich so verhält, im Fall seiner künftigen Genesung darauf verzichten, die Lebensrechte der anderen zu respektieren und nur noch seinem Egoismus frönen. Sein großer Reinigungseid, an den wir oben S. 47 erinnert haben, belegt vielmehr seine unerschütterliche Überzeugung, daß dem Menschen unter allen Umständen seine Fähigkeiten und seinen Besitz als ein Pfand anvertraut sind, das nicht allein der Befriedigung seiner eigenen Bedürfnisse und seines eigenen Glücksverlangens dient, sondern ihm die Möglichkeit zu helfen und zu dienen gibt. Nur ein leerer, pubertärer Moralismus läßt es bei seinem bloßen Entsetzen vor der Welt, wie sie ist, bewenden, um sich dann entweder ganz auf sich selbst und die Befriedigung seiner Wünsche und Gelüste zurückzuziehen oder zu befinden, daß alles, was besteht, wert ist, daß es zugrundegeht. Sittlichkeit weiß um den langen und mühsamen Weg, den der menschliche Geist genommen hat, um zu sich selbst zu kommen und sich, wenn auch gewiß noch immer in unvollkommener Weise, im Staate zu verwirklichen. Daher hört er aus seinen wie aus der Staatengemeinschaft Mängel nicht die Aufforderung heraus, beide zu zerschlagen, sondern sie fortzuentwickeln, damit sie dem Ideal besser entsprechen, und vor allem, dazu selbst an seinem Platze das Seine zu tun. Denn die Welt verbessert sich nicht durch Deklarationen und Utopien, sondern dadurch, daß wir unserer Pflicht gegenüber dem Einzelnen und dem Allgemeinen, dem konkreten Menschen und unseren konkreten Pflichten gegenüber Staat und Gesellschaft entsprechen. Das Dynamit der Anarchisten, die ekle Weltflucht der Moralisten und die Gegenwartsabgewandtheit des Romantikers stehen sich demgemäß in ihrer Realitätsferne nichts nach.

Alttestamentliche Ethik blieb stets im Schatten des Doppelgebotes, Gott über alle Dinge zu fürchten, zu lieben und zu gehorchen und gleichzeitig und eben deshalb den Nächsten wie sich selbst zu lieben, vgl. 5 Mose 6,1 ff. 5 mit 3 Mose 19,18 und Markus 12,28 ff. Wer sein Geld, seine Macht, seinen Erfolg, seinen materiellen, spirituellen oder sexuellen Genuß an die Spitze seiner Wertskala stellt, wird in der Folge den Nächsten als Mittel gebrauchen. Wer Gott seinen Gott sein läßt, hat die Angst verloren, verzweifelt er selbst sein zu müssen, kann auf seine Besonderheit verzichten und für den Nächsten und das Allgemeine da sein. Was aus ihm selbst wird, ist dann nicht länger sein primäres Anliegen. Die Respektierung seiner natürlichen Glückserwartung ist jetzt, abgesehen davon, daß sie in der Pflichterfüllung selbst ihre Genugtuung findet, den anderen und nicht zuletzt dem Allgemeinen, dem Staate aufgegeben, dessen Aufgabe es ist, durch seine Gesetzgebung den Interessenausgleich zu garantieren und dabei den Grundsatz »Jedem das Seine«, der nicht mit dem lebensfeindlichen »Jedem das Gleiche« verwechselt werden darf, zu berücksichtigen hat. Wenn der Christ sich beklagt, daß er in der Bibel nur Obrigkeitsdenken und Individualethik findet, muß er sich vergegenwärtigen, aus welchen Zeiten sie stammt und sich fragen, ob die Idee des modernen, sittlichen Staates, wie wir ihn hier im Nachdenken Hegels skizziert haben, nicht eine Konsequenz des biblischen Ethos ist.

II

Wir deuteten es nun mehrfach an: Der Hiobdichtung war kein anhaltender Erfolg beschieden. Der Religionshistoriker wird hinzufügen, daß dies eigentlich auch nicht zu erwarten war, weil die jüdische Frömmigkeit in ihren Hauptströmungen längst einen anderen Weg eingeschlagen hatte, vgl. oben, S. 30 ff. Ihr gemäß hat der Gedanke an die von Gott garantierte Ordnung in frühhellenistischer Zeit vielmehr eine neue Begründung erhalten, indem sie mit dem Schöpfungsgesetz selbst identifiziert wurde. Dies geschah mittels der Vergegenständlichung, der Hypostasierung der Weisheit zu einer göttlichen, Jahwe untergeordneten Gestalt, zur »Frau Weisheit«, vgl. Sprüche 9,1. Sie läßt der Dichter Sprüche 8,22−36 vor die Schüler hintreten, um sich selbst als vor aller Zeit geschaffene Lehrerin zu garantiertem Lebenserfolg zu empfehlen:

»Jahwe schuf mich als Erstling seines Waltens,
als Anfang seiner Werke voralters.
Von Ewigkeit her bin ich gebildet,
›in‹ Urzeiten, vor dem Anfang der Welt.
Noch vor dem Meere ward ich geboren,
noch vor den wasserreichen Quellen.
Ehe die Berge eingesenkt wurden,
vor den Hügeln ward ich geboren.
Als Er die Erde noch nicht gemacht und ihre Fluren,
vor den Erdschollen ward ich geboren.
Als er den Himmel festigte, war ich dabei,
als er das Gewölbe über der Flut absteckte.
Als er die Wolken droben befestigte,
als ›er‹ die Quellen der Flut bändigte,
Als er dem Meer seine Grenze zog
und die Wasser seinem Befehl gehorchten,
Als er die Fundamente der Erde absteckte,
war ich ihm als Werkmeisterin zur Seite,
War ich seine Freude Tag für Tag,
spielte ich vor ihm allezeit,
Spielte ich auf seinem Erdenrund,
hatte ich meine Freude an den Menschen.

Und nun, ihr Kinder, hört mir zu,
wohl denen, die meine Wege bewahren!
Hört auf meine Zucht, daß ihr weise werdet,
wohl dem Manne, der auf mich hört,
Daß er Tag für Tag an meinen Toren wacht,

daß er meine Türpfosten hütet!
Doch wer mich verfehlt, schädigt sich selbst,
wer immer mich haßt, der liebt den Tod.«

Ist die Weltordnung von ihrer Erschaffung her eine moralische, die unser Tun und Ergehen unauflöslich zusammenbin-
det, kann es allerdings keine Ausnahmen geben, sondern bestimmt sie mit Gesetzeskraft unser aller Leben.

III

Dieser Lösungsversuch für das alte Problem ist seinerseits
kaum ohne Beeinflussung durch die hellenistische Welt denkbar, in deren Bereich auch das Judentum seit den Siegen
Alexanders des Großen über das Perserreich einbezogen war.
In der Folge der Aufteilung des noch gewaltigeren Alexan-
derreiches nach dessen frühem Tod war Palästina 302 v. Chr.
von seinem früheren General und jetzigen König von Ägyp-
ten Ptolemaios I. besetzt worden. Dadurch hatte Judäa den
Status einer Hyparchie erhalten, deren Selbstverwaltung dem
Hohen Priester und dem Geschlechterrat oblag, während ein
Oikonomos genannter Finanzbeamter die gesamten Finan-
zen des Landes kontrollierte und mittels von ihm eingesetzter
Steuerpächter die fälligen Abgaben eintreiben ließ. Dieser
Zustand führte notwendig zu manchen Kontakten zwischen
Juden und Griechen, zumal sich der Außenhandel gegenüber
früher erheblich erweitert hatte. Sie wirkten sich auch auf das
geistige und religiöse Leben aus, zumal neben dem inzwischen zur Volkssprache gewordenen Aramäisch das Griechische in steigendem Maße als Sprache der Besatzungsmacht
und des Handels an Bedeutung gewinnen mußte. Der damit
unausweichlich verbundene Einfluß des weltoffenen griechischen Geistes konnte auf die Dauer nicht ohne Folgen bleiben. Man erkennt das am deutlichsten daran, daß er im 2. Jh.
v. Chr. zu dem von innerjüdischen Kreisen betriebenen Ver-

such führte, Jerusalem in eine hellenistische Polis umzuwandeln, den Jahwekult im Sinne eines aufgeklärten Himmelsgottglaubens von seinem rituellen und exklusiven Ballast zu befreien und dem Judentum und primär seiner Oberschicht damit die hellenistische Welt zu öffnen. Zu einer Polis gehörte als Bildungsstätte ein Gymnasion und ebenso die Ephebie, eine Art von paramilitärischer, sportlich orientierter Grundausbildung, die natürlich nur den Söhnen der Aristokraten und der Begüterten offenstand, vgl. 1 Makkabäer 1,14–16. Die Tatsache, daß sich in der Verfolgung dieser Bestrebungen der abgesetzte Hohe Priester Onias III. in das Apollonheiligtum Daphne westlich von Antiochien, dem heutigen Antakia, flüchtete und sein erster Nachfolger den Namen des Argonauten Jason, sein zweiter den des Spartanerkönigs der Trojasagen Menelaos führte, zeigen, in welchem Umfang sich die Jerusalemer Oberschicht dem griechischen Geist geöffnet hatte, vgl. 2 Makkabäer 4.

So werden wir uns nicht wundern, daß ein aufgeweckter, aus der Schule der traditionellen Weisheit kommender Lehrer, unser Prediger Salomo – oder wie wir ihn ob der nicht ganz zutreffenden Übersetzung seiner Berufsbezeichnung besser hebräisch nennen –, Kohelet, angesichts des Zusammenpralls der beiden Kulturen schon ein dreiviertel Jahrhundert vor diesen Ereignissen, die in die Revolte der gesetzestreuen Makkabäer münden sollten, innerlich von beiden in Distanz ging, um kritisch zu überprüfen, was nun eigentlich die Wahrheit sei. Dabei gab der Einfluß des Hellenismus insofern den Ausschlag, als er diese Prüfung nicht mehr in Gestalt eines gelehrten Vergleichs der väterlichen Schriften vornahm, sondern die Lehren, in denen er aufgewachsen war, an der eigenen Erfahrung maß. Will man seinem Denken gerecht werden, hat man sich zu vergegenwärtigen, welche Begrenzungen der lückenlos durchorganisierte Ptolemäerstaat den Juden auferlegte: An einen bewaffneten Widerstand gegen die Besatzungsmacht war damals nicht zu denken. Daraus erklärt sich ebenso wie aus der sich traditionell an den einzelnen richtenden weisheitlichen Lehre mit ihrer Konzentration auf Gottes Handeln am Menschen, daß auch für Kohelet das Schicksal des einzelnen im Mittelpunkt stand. Er suchte seinen eigenen Beobachtungen unter anderem dadurch Allgemeingültigkeit zu geben, daß er sich den Mantel des weisesten und reichsten Königs seines Volkes umlegte, um von diesem der geschichtlichen Erfahrung Israels her geurteilt unüberbietbaren Standpunkt zu überprüfen, wie es um die Erfüllung des menschlichen Glücksverlangens steht, vgl. Prediger 1,12–2,26. Dabei verband sich ihm der Gedanke von der Kürze des einen, dem Menschen gegebenen Lebens, dem wir bei Hiob begegnet sind, vgl. oben, S. 86, mit dem zeitgenössischen von der unberechenbaren Launenhaftigkeit des Schicksals, der Tyche, und von seiner göttlichen Bestimmtheit. Die Kette politischer Erschütterungen mit ihrem kometenhaften Aufstieg und Fall von Generälen und Herrschern, ihrem Wechsel der unterworfenen Völker aus einer Hand in die andere und dem daraus resultierenden Aufstieg und Fall der Kollaboranten hatte das Gefühl des Ausgeliefertseins an das launenhafte Spiel des Schicksals mit den Menschen geradezu notwendig zur Zeitstimmung werden lassen. Sie wurde zudem von dem sich seit dem 5. Jh. v. Chr. in den Westen verbreitenden, letztlich von den Babyloniern stammenden Glauben an die unentrinnbare Schicksalsmacht der Sterne unterstützt.

Vor allem faszinierte die damals zu Weltgeltung gelangenden stoischen Philosophen der sich aus dem großen Jahr, der durch den Rücklauf der Sonne durch den himmlischen Tierkreis, den Zodiakos, zu seinem Ausgangspunkt begrenzten Weltperiode, ergebende Gedanke der ewigen Wiederkehr. So berichtet der um 400 n. Chr. lebende christliche Bischof und Platoniker Nemesios von Emesa, dem heutigen Homs, die Stoiker hätten gelehrt, daß die Planeten bei ihrer periodischen Rückkehr zu ihrem bei der Entstehung der Welt eingenommenen Ausgangspunkt in festgelegten Perioden einen Weltenbrand auslösten, durch den alles Seiende hindurchginge, um sich dann wieder neu zu formieren:

»Und nachdem die Sterne wiederum auf gleiche Weise ihren Lauf nähmen, würde jeder, der in der vorhergehenden Periode existiert hätte, völlig unverändert wieder entstehen. So würde es auch Sokrates und Platon und alle Menschen um sie herum, ihre Freunde und Mitbürger, wieder geben. Und sie würden dasselbe erleiden und dasselbe bewirken; alle Städte, Dörfer und Äcker würden ebenso wiederhergestellt. Diese Wiederherstellung des Ganzen geschehe jedoch nicht nur einmal, sondern oftmals; ja mehr noch werde dasselbe unbegrenzt und unendlich oft wiederhergestellt werden. Die ihrerseits nicht der Vernichtung unterliegenden Götter aber, die eine Periode begleitet hätten, wüßten daraus alles, was zukünftig in den nachfolgenden geschehen werde. Denn es werde außer dem früher Geschehenen nichts Neues geschehen, sondern alles werde bis zum Kleinsten gleichfalls unverändert sein«, Stoicorum Veterum Fragmenta II,625.

Springen wir nun zu der wohl von dem Herausgeber der Aufzeichnungen des Predigers als Prolog an den Buchanfang gestellte Reflexion Kohelets hinüber, bemerken wir eine ganz ähnliche Grundstimmung, aber zugleich auch eine vollständige Zurückhaltung gegenüber den kosmologischen, sich mit Weltwerden und Weltende befassenden Spekulationen. Denken wir an die Prophetenbücher mit ihren Erwartungen einer kommenden, von Jahwe herbeigeführten Weltenwende, die Israels Geschick für immer zum Besten kehren sollte, stellen wir ihnen gegenüber die gleiche Reserve fest. Es sieht so aus, als sei der in seinem väterlichen Glauben erschütterte Weise fest entschlossen, jetzt nicht die eine Doktrin durch eine andere zu ersetzen, sondern sich streng an das zu halten, was ihn die Beobachtung lehrt, 1,4–10:

>»Geschlechter gehen dahin,
und Geschlechter kommen,
die Erde bleibt ja ewig.
›Immer wieder‹ geht die Sonne ›auf‹,
und immer wieder geht die Sonne unter,

strebt sie zu ihrem Ort,
an dem sie aufgeht.
Immer wieder weht der Wind nach Süden,
und dreht er sich nach Norden;
in dauerndem Drehen weht der Wind,
nur um sich zu drehen schlägt der Wind um.
Alle Bäche fließen zum Meer,
aber das Meer wird nicht voller;
zu der Stelle, von der die Bäche fließen,
dorthin kehren sie, um zu fließen, zurück.
Alle Worte quälen sich ab,
kein Mensch kommt mit ihnen ›an ein Ende‹.
Ergebnislos sieht das Auge,
ungestillt hört das Ohr.
Was geschehen ist, eben das wird geschehen,
und was getan worden ist, eben das wird getan werden,
und so gibt es nichts Neues unter der Sonne.
Geschieht einmal etwas, von dem man sagt:
Aufgepaßt: das ist neu! –
Längst gab es das in den Ewigkeiten,
die vor uns gewesen sind.
Es gibt eben keine Erinnerung an die Früheren,
und auch an die Künftigen, die es geben wird,
werden sich die nicht erinnern,
die nach ihnen leben.«

In der Natur, so beobachtet unser Prediger, ist nur der Wechsel dauerhaft. Er aber ist ziellos, so daß sich alles Geschehen im Kreise dreht. Dieser ziellosen Kreisförmigkeit allen Geschehens entspricht die Unabgeschlossenheit der menschlichen Erkenntnis: Auch sie kommt zu keinem Ergebnis, sondern wird mit in den ziellosen Zirkel hineingezogen. Demgemäß kann es auf Erden nichts Neues geben. Die entgegengesetzte Ansicht ist in seinen Augen lediglich die Folge der Beschränktheit unserer Erfahrung, die nicht weit genug in die Vergangenheit zurückzublicken vermag.

Nachdem wir die stoische Lehre vom großen Jahr kennen-
gelernt haben, fragen wir uns natürlich unwillkürlich, ob der
Prediger die letzte, nun doch kosmologische Begründung mit
Rücksicht auf seine solche Lehren der Tradition gemäß notwendig für gottlos haltenden Landsleute zurückhält. Es wäre
in der Tat ein kleines, die Reflexion ganz mit der stoischen in
Übereinstimmung zu bringen, indem wir das im vorletzten
Vers mit »Ewigkeiten« übersetzte Wort mit »Weltperioden«
wiedergäben. Aber diese Begriffsfüllung ist im Judentum erst
dreihundert Jahre später nachweisbar, so daß wir sie für Kohelet besser nicht in Anspruch nehmen. Er bleibt bei dem,
was er beobachtet, und bei den Schlüssen, die sich daraus
nach seiner Überzeugung ohne weiteres ziehen lassen, um
keinem neuen Doktrinarismus anheimzufallen.

IV

Eigentümlich ist die Form, die er dem Schicksalsglauben gegeben hat. Selbstverständlich steht für ihn als Juden über Zeit
und Schicksal keine blind zuteilende Macht, sondern Gott.
Daß er ihn an keiner Stelle Jahwe nennt, sondern internatio-
nal-weisheitlichem und philosophischem Brauche gemäß
eben einfach als solchen bezeichnet, darf nicht übersehen,
aber auch nicht überbewertet werden.

Jedenfalls ist für ihn der höchste Ort im Universum nicht
durch ein neutrisches Fatum, sondern durch Gott besetzt.
Dieser Gott nun hat die Zeiten selbst qualifiziert. Zeit ist für
ihn wie für die Alten überhaupt nicht allein eine der beiden
Koordinaten, in die sich das raumzeitliche Geschehen ein-
zeichnet, sondern eine in sich in ungeheuer komplizierter
Weise qualifizierte Sache. Wieder fragt sich der Leser, ob jetzt
statt einer kosmologisch angewandten eine auf das Individuum bezogene Astrologie im Hintergrund steht. Sie läßt
sich tief in die mesopotamische Geschichte hinein zurückver-
folgen. So schrieb etwa der Hofastrologe an den in der ersten

Hälfte des 7. Jh. v. Chr. regierenden assyrischen Großkönig Asarhaddon:

»An den König, meinen Herrn, dein Knecht Nabûachē-rîba: Möge es dem König, meinem Herrn, wohlergehen. Mögen Nabu und Marduk[1] den König, meinen Herrn segnen! – Was den Kronprinzen betrifft, wegen dessen der König, mein Herr, an mich geschrieben hat, daß der Kronprinz den König, meinen Herrn am 1. des Nisan[2] besuchen sollte (und fragte): Ist der 1. Tag günstig? (lautet meine Antwort): Am 1. Nisan sollte man sich reinigen und säubern, seine Opfer für den Gott Marduk darbringen, Wasser und Bier erster Qualität libieren[3] zur Rechten und zur Linken, (denn) der fragliche Mann wird scheinen wie die göttliche Sonne. Am 2. sollte er nicht auf die Straße gehen. Am 4. Nisan sollte er sich selbst vor Marduk niederwerfen (und) sein Zeichen bekannt machen. Ihm wird Ruhm und Ehre gewährt. Er sollte seine Sache dem Gott vorlegen. – Eine andere Angelegenheit: Der Planet Merkur scheint sehr hell. Er ist (der Stern) des Kronprinzen ...« LAS 69+71, S. Parpola, AOAT 5/2, 1983, 374f.

Und der vorletzte Satz des Referates des Nemesios über die Lehre der Stoiker von der ewigen Wiederkehr aller Dinge hat uns sicher bereits ahnen lassen, daß das Interesse an dem Wissen der Götter um alle künftigen Weltperioden bei der dadurch ermöglichten Mantik, der Zukunftserforschung, lag. Wiederum gewinnen wir den Eindruck, daß der Prediger zwar sieht, daß des Menschen Leben entscheidend vom Schicksal bestimmt ist, und er dies auf die ihm unbekannte Qualifikation des nächsten Augenblicks zurückführt, aber die astronomische Begründung der hellenistischen Umwelt unberücksichtigt läßt, 3,1–9:

---

[1] Nabu war der Gott der Weisheit, Marduk der Sonnengott.
[2] Der Nisan entspricht etwa unserem März/April.
[3] D. h.: eine Gußspende darbringen.

»Für alles gibt es seine Stunde
und für jedes Vorhaben unter der Sonne seine Zeit:
Eine Zeit für die Geburt
und eine Zeit für den Tod.
Eine Zeit für das Pflanzen
und eine Zeit für das Ausreißen des Gepflanzten.
Eine Zeit für das Töten
und eine Zeit für das Heilen.
Eine Zeit für das Niederreißen
und eine Zeit für das Bauen.
Eine Zeit für das Weinen
und eine Zeit für das Lachen.
Eine Zeit für das Klagen
und eine Zeit für das Tanzen.
Eine Zeit für das Zeugen
und eine Zeit für das Empfangen.
Eine Zeit für das Umarmen
und eine Zeit für das Meiden.
Eine Zeit für das Suchen
und eine Zeit für das Verlieren.
Eine Zeit für das Aufheben
und eine Zeit für das Wegwerfen.
Eine Zeit für das Zerreißen
und eine Zeit für das Zusammennähen.
Eine Zeit für das Schweigen
und eine Zeit für das Reden.
Eine Zeit für das Lieben
und eine Zeit für das Hassen.
Eine Zeit für den Krieg
und eine Zeit für den Frieden. –
Was für ein Ergebnis kann dann der Handelnde bei
dem, mit dem er sich abmüht, erzielen?«

Liest man diese Aufzählung nur so obenhin, sagt man sich:
»Was soll das Ganze? Natürlich stehen die Zeiten für Saat und
Ernte fest. Und ob man ein Haus oder eine Mauer einreißt

oder nicht, ergibt sich doch aus dem Bauzustand!« Aber dann hält man mit seinem Räsonnement ein; denn die Zeit unserer Geburt und die Zeit unseres Sterbens liegt – an Selbstmord wird hier nicht gedacht – außerhalb unserer Gewalt. Ähnlich verhält es sich mit Saat und Ernte: Den Jahreslauf macht der Mensch nicht, er muß ihn beachten. So sollen wir auch die übrigen Glieder der Reihe verstehen: Es gibt eine Zeit, die für jede der hier genannten Tätigkeiten vorherbestimmt ist; es gibt für jede dieser Tätigkeiten die richtige Zeit, die dafür von Gott vorherbestimmte Stunde. Aber die hinter der ganzen Reihe stehende rhetorische Frage läßt uns erkennen, was Kohelet eigentlich sagen will: Gewiß gibt es diese Vorbestimmung der Zeiten, nur ist sie leider dem Menschen gänzlich unbekannt. Zwar muß sich der Mensch abmühen, als hinge aller Erfolg von seinem Tun ab, aber er ist damit noch lange nicht des erhofften Ausgangs sicher, weil er sein Tun und den dafür prädestinierten Augenblick nicht aufeinander abstimmen kann. Die Folge davon ist z. B., daß es keineswegs sicher ist, daß dem Tüchtigen die Welt gehört, 9,11 f.:

> »Zum andern sah ich unter der Sonne,
> daß weder die Schnellsten den Lauf
> noch die Tapfersten den Krieg,
> noch auch die Weisesten Brot,
> noch auch die Verständigsten Reichtum,
> noch auch die Kundigsten Gunst gewinnen,
> sondern sie alle treffen Zeit und Zufall.
> Ja, der Mensch kennt seine Zeit nicht.
> Wie die Fische, die sich in einem bösen Netz verfangen,
> und die Vögel, die in einem Netz gefaßt sind,
> wie sie werden die Menschenkinder zur bösen Zeit
> gefangen, wenn sie plötzlich über sie hereinbricht.«

Gehört also die Welt, wenn schon nicht den Tüchtigen, so doch den Guten? Aber wer so reflektiert, ist offenbar längst über die Lehre von dem berechenbaren Zusammenhang zwi-

schen Tun und Ergehen hinausgewachsen und hat sie als anma-
ßende Überdehnung begrenzter Erfahrung durchschaut. So
urteilt er im Rückblick auf seine Untersuchungen und Überlegungen wie folgt:

»Als ich mein Herz darauf richtete, Weisheit zu gewinnen,
um das Treiben auf Erden zu durchschauen –
(ist es doch so): ›Auch bei Tag und bei Nacht sieht man
(wenn man von der Frage gepackt ist) keinen Schlaf
in seinen Augen!‹ –
Da erkannte ich am Ganzen des göttlichen Wirkens,
daß der Mensch das Treiben nicht ergründen kann, das
unter der Sonne geschieht.
Wie sich der Mensch auch abmüht, es zu erforschen,
er ergründet es nicht!
Und wenn ein Weiser es auch zu wissen behauptet,
so kann er es doch nicht ergründen.
Ja, ich habe mein Herz ›auf all dies‹ gerichtet, um
dies alles ›zu prüfen‹:
Die Gerechten und die Weisen und ihre Taten stehen
in Gottes Macht:
sei es Liebe oder sei es Haß (die Gott ihnen zuteil werden
läßt) – der Mensch weiß nichts von all dem, was ›ihm
bevorsteht‹.
Was aber auf alle (zukommt), ist *ein* Geschick, auf den
Gerechten, wie auf den Gottlosen, auf den Reinen wie
den Unreinen, den, der opfert, und den, der nicht opfert:
Wie dem Guten so ergeht es dem Sünder, wie dem, der
schwört, so dem, der den Schwur fürchtet.
Das ist ›das Schlimmste‹ an allem, was unter der Sonne
geschieht,
daß *ein* Geschick auf alle (zukommt),
ihr Ende bei den Toten!
Ja, wer noch zu den Lebenden zählt, (für den) gibt es
Hoffnung.

Denn: ›Ein lebendiger Hund ist besser als ein toter Löwe!‹
Denn die Lebenden wissen, daß sie sterben müssen,
aber die Toten wissen gar nichts.
Es gibt für sie auch keinen Lohn,
denn ihr Andenken ist vergessen.
Ihr Lieben wie ihr Hassen wie ihr Sterben sind längst dahin.
Sie haben in Ewigkeit keinen Anteil mehr an allem,
was unter der Sonne geschieht«, 8,16–9,6.

Das einzige, was sich für Kohelet ergab, ist, daß alle Menschen ohne jeden Unterschied sterben müssen, während sich aus ihrem Verhalten keine Rückschlüsse auf ihr sonstiges Schicksal ziehen lassen. Ob einer von Gott begünstigt wird, so daß er gute Tage sieht, oder ob einer von ihm benachteiligt wird, so daß es ihm schlechtgeht, steht in keinem durchgehenden, vom Menschen auf eine Formel zu bringenden Zusammenhang. So konnte er ein andermal sagen, 8,9–14:

»All das sah ich, als ich mein Herz auf all das Treiben richtete, das unter der Sonne zu einer Zeit geschieht, in der ein Mensch zum Schaden des anderen Menschen Gewalt über ihn hat.
Und demgemäß sah ich Gottlose ›sich nahen und hineingehen‹, während von heiliger Stätte weichen mußten und vergessen wurden in der Stadt, die das Rechte getan hatten. Auch das ist sinnlos.
Weil das Urteil über das böse Tun nicht eilends ergeht, ist das Herz des Menschen voll, Böses zu tun.
Denn: ›Mag der Sünder auch hundertmal Böses tun, so lebt er doch lange!‹
Es gibt eine Sinnlosigkeit[1], die auf Erden geschieht:
Es gibt Gerechte, die trifft es,

[1] Wörtlich: einen Hauch

als hätten sie wie Gottlose gehandelt,
und es gibt Gottlose, die trifft es,
als hätten sie wie Gerechte gehandelt.
Ich sage: Auch das ist sinnlos!«

Denken wir an die Selbstgefälligkeit der Weisen zurück, wie
sie sich in der Personifikation der himmlischen, selbstredend
von ihnen gelehrten Weisheit und deren Empfehlung aus-
sprach, vgl. oben, S. 116ff., ist uns gewiß, daß der Prediger
sehr viel bescheidener von seinem Geschäft denken wird,
7,23f.:

»All dies habe ich versucht mit der Weisheit.
Ich dachte: ich will weise werden! Aber sie blieb fern
von mir.
Fern ist, was geschieht, und überaus tief,
wer könnte es ergründen?«

Und in 1,17f. konnte er sagen:

»Als ich mein Herz darauf richtete, Weisheit und Wissen, Torheit und Tollheit zu verstehen, erkannte ich,
daß auch dies ein windiges Streben ist. Denn:
Mit der Weisheit mehrt sich der Kummer,
und mit dem Wissen wächst der Schmerz.«

Nein, alles Grübeln und Beobachten führt den Menschen nur
im Kreise herum, aber zu keinem Ziel und Ende. Und demgemäß kann auch die Weisheit kein absolutes, sondern nur ein
relatives Wissen vermitteln, indem sie Regeln der Umsicht
und der Klugheit weitergibt, 2,13f.:

»Es gibt einen Vorzug der Weisheit gegenüber der Torheit, wie das Licht einen Vorzug gegenüber der Finsternis besitzt:
Der Weise hat seine Augen im Kopf,
aber der Tor wandelt im Dunkeln!«

Und gewiß klingt in solchen Sätzen ein wenig von der Trauer wider, die ein Mensch empfindet, dem sich der Kinderglaube aufgelöst hat, der das Leben des Menschen überall von der Sinnlosigkeit bedroht sah, nachdem sich die Wahrsprüche der Lehrer nicht bewährt hatten. Doch ehe wir sehen, wie er schließlich daraus sowohl eine theologische wie eine praktische Konsequenz zog, wollen wir nachlesen, bis zu welchem Pessimismus er im Blick auf die menschliche Gerechtigkeit geführt wurde, 4,1–3:

> »Zum anderen wandte ich meinen Blick all den Unterdrückungen zu, die unter der Sonne geschehen:
> Da sind die Tränen der Unterdrückten, aber es gibt keinen, der sie tröstet.
> Leiden sie gleich von der Hand ihrer Unterdrücker Gewalt, gibt es doch keinen, der sie tröstet.
> Daher preise ich die Toten, die längst gestorben sind, vor den Lebenden, die noch ihr Leben haben.
> Aber höher als sie beide den, der gar nicht erst geboren wurde, der nie das böse Treiben kennenlernt, das unter der Sonne geschieht.«

Dachte er bei diesen Sätzen an Judäer, die bei der Besatzungsmacht in Ungnade gefallen, ihr Hab und Gut verloren hatten und zu Bettlern geworden waren, vgl. 6,1 ff.? Hatte er Bauern im Sinne, die ihre Steuerschuld nicht bezahlen konnten und nun in die Sklaverei verkauft worden waren? Oder hatte er gar Kenntnis von dem entsetzlichen Schicksal der ptolemäischen Sklaven erhalten, die in die nubischen Goldminen geschickt worden waren und von denen die Jüngeren mit einer Lampe an der Stirn im Stollen kriechend das Golderz brechen mußten, während es die Jüngsten, Kinder noch, herauszuschleppen hatten, damit es die Älteren zerhackten, bis es Frauen wie Zugtiere in Steinmühlen zermalmen konnten; sie alle nackt, von nubischen Wächtern unbarmherzig mit Schlägen angetrieben, bis sie endlich den ersehnten Tod fanden?

Diodor III,12f. Und wer hatte bei Rechtsbeugung durch die fremden Herren schon Aussicht auf Gehör? So kommentiert er 5,7f.:

> »Wenn du üble Bedrückung und Rechtsentziehung in der Provinz siehst, wundere dich nicht über den Vorfall. Denn:
>
>> Über einem Hohen wacht ein Höherer
>> und über beiden ›ein Allerhöchster‹!

Was bedeutet es ob dem allen schon für das Land für einen Vorzug, daß ein König für das bestellte Feld[1] da ist?«

Es ist zudem um menschliches Richten schon deshalb schlecht bestellt, weil es den Richtern nicht anders als den Menschen überhaupt geht und sie demgemäß in die Schere zwischen ihrer Absicht und der ihnen unbekannten, für ihr Geschäft prädestinierten Zeit geraten, 3,16–22:

> »Und überhaupt sah ich unter der Sonne,
> daß an der Stätte des Rechts Unrecht
> und an der Stätte der Gerechtigkeit ›Verbrechen‹ geschahen.
> Da sagte ich mir: Ja, es gibt eine Zeit für jede Sache
> und für jedes Tun dort.
> Weiter sagte ich mir: (Das verhält sich so) um der Menschenkinder willen, weil Gott ihnen deutlich machen und ›zeigen‹ will, daß sie nichts anderes als Vieh sind.
> Ja, ›das Geschick‹ der Menschenkinder und ›das Geschick‹ des Viehs sind ein und dasselbe: Beide erleiden den gleichen Tod; denn beide haben den gleichen Lebensodem.
> Daher hat der Mensch keinen Vorteil gegenüber dem Vieh; denn alles ist vergänglich. Alles kehrt zu ein und demselben Ort zurück:

---

[1] D.h. vermutlich: für die königlichen Domänen.

Alles ist aus Staub entstanden und alles kehrt zum Staub zurück. –

Wer weiß denn, ›ob‹ der Odem des Menschen nach oben steigt, während (nur) der Odem des Viehs nach unten zur Erde fährt? Da sah ich ein«, fährt er fort, um nun endlich die bisher jeweils von uns unterdrückte positive Konsequenz seiner Nichtigkeitsreflexionen herauszulassen, »daß es für den Menschen nichts Besseres gibt, als sich bei seinem Tun zu freuen; denn das ist sein Teil.

Denn wer könnte es ihm ermöglichen zu erfahren, was nach dem sein wird?«

Die dank der Kurzsichtigkeit des Menschen an der Stätte des Rechts erfolgenden Rechtsbeugungen sind also dazu da, dem Menschen seinen Hochmut zu nehmen: Letztlich ist er nicht besser und klüger als das Vieh! Von der sich offenbar im Schatten des Hellenismus ausbreitenden Erwartung, daß die Seele des Menschen zum Himmel aufsteigt, während nur die des Viehs in die Unterwelt hinabsteigt und sich dabei de facto auflöst, so daß sich der Mensch dem Vieh gegenüber auf seine Unsterblichkeit berufen kann, hält Kohelet gar nichts. Seine eigentliche Überzeugung ist im letzten Satz nur scheinbar als Frage formuliert enthalten: Kein Mensch kann wissen, was »danach« kommt. Von einer solchen, ein Totengericht einschließenden Erwartung hält er demgemäß nichts. So muß er in der Tat den Sinn des Daseins hier allein suchen und sich fragen, warum Gott die Welt so undurchschaubar für den Menschen eingerichtet hat. Die Antwort auf die zweite Frage ist in 3,10–15, dem Abschluß der großen Reflexion über das Rätsel der dem Menschen zufallenden Zeit enthalten:

»Ich betrachtete die Unrast, die Gott den Menschen verordnet hat, daß er sich mit ihr plage.
Alles hat er schön gemacht zu seiner Zeit;
er hat es auch für die Dauer bestimmt;

nur bleibt das eigentliche Handeln Gottes dem Menschen vom Anfang bis zum Ende unergründbar.

Ich erkannte: Für ihn gibt es nichts Besseres, als sich zu freuen und es sich wohlgehen zu lassen, solange er lebt.

Nur: wenn irgendein Mensch essen und trinken kann und dank seiner Arbeit Gutes erfährt, ist auch dies eine Zuteilung Gottes.

Ich weiß nämlich: Alles, was Gott wirkt, geschieht ewig, keiner kann etwas daran ändern oder etwas davon ungeschehen machen.

Und das hat Gott so eingerichtet, damit man sich vor ihm fürchtet. –

Was geschehen ist, hat es längst schon (einmal) gegeben, und was gerade geschehen will, ist längst schon (einmal) geschehen; denn Gott sucht das Vergangene wieder hervor.«

Es bleibt dabei: Der Mensch durchschaut Gottes Handeln nicht. Was Gott eigentlich mit seiner hier statt wie 1 Mose 1 als gut, als schön bezeichneten Welt eigentlich will, bleibt dem Menschen verborgen. Er ist in den ewigen, von ihm installierten Kreislauf allen Geschehens hineingegeben und hat Glück, wenn seine Mühe und Arbeit ihm ein angenehmes Leben ermöglichen. Ein anderes Glück kann es für den vergänglichen Menschen nicht geben. Aber es liegt vollkommen in der Logik der Argumentation des Predigers, daß auch das Glück nicht in der Verfügbarkeit des Menschen steht, sondern Gottes, aus unergründlichen Ursachen verliehene Gabe ist. Was für die optimistische Weisheit ihr Anfang war, wird nun für den Prediger der Weisheit Ende: Gott hat die Welt so eingerichtet, damit sich die Menschen vor ihm fürchten. Vor dem Gott, der schlechterdings als Begrenzung menschlicher Selbstmächtigkeit und Selbstverwirklichung erfahren wird, muß sich und soll sich der Mensch fürchten. Der für den Menschen berechenbare Gott, sagten wir eingangs, vgl. S. 111, wäre nicht der lebendige Gott. So scheint dem Prediger die

Wirklichkeit den fernen in seiner Majestät und Gottheit unerreichbaren, den verborgenen Gott zu spiegeln.

V

Wird, so fragen wir uns, wenn der Todesschatten und die Sinnlosigkeit das Leben so überlagern, die Freude als das in der Tat einzige, von ihm nicht relativierte Gut durchzuhalten sein? An die große Nichtigkeitsmeditation in 8,16–9,6 hat er die Aufforderung zur Freude, zum *carpe diem* angehängt:

> »Geh, iß mit Freuden dein Brot
> und trinke frohen Herzens deinen Wein;
> denn längst hat Gott dein Tun gebilligt:
> Weiß seien deine Gewänder jederzeit,
> Öl soll auf deinem Haupte nicht fehlen!
> Genieße das Leben mit der Frau, die du liebst,
> alle Tage deines flüchtigen Lebens,
> die dir Gott unter der Sonne gegeben hat.
> Denn das ist dein Teil am Leben und an deiner Mühsal,
> mit der du dich unter der Sonne abmühst!
> Alles, was dir vor die Hand kommt zu tun,
> das tue mit ganzem Einsatz;
> Denn es gibt weder Wirken noch Planen noch Kenntnis noch Weisheit
> in der Unterwelt, zu der du auf dem Wege bist!«
> 9,7–10.

Nicht müder Verzicht, nicht tatenloser Quietismus sind die Folgerungen, die der Prediger aus der Flüchtigkeit des von Gott dem Menschen gegebenen *einen* Lebens zieht. Auf dem Hintergrund der Vergänglichkeit gewinnt der flüchtige Tag seinen Glanz: Ihn heißt es zu nutzen, heute heißt es zu leben und dabei alle Tage als ein Fest zu begehen. Denn schneller als es der Mensch wahrhaben will, sind die schönen Jugendtage vorbei. Daher ruft er dem Schüler in 11,9–12,6* zu:

> »Freue dich, Jüngling, an deiner Jugend,
> sei frohgemut in den Tagen deiner Jugend Kraft,
> und folge dem, was dein Herz begehrt
> und was deine Augen erschauen!
> Halte dein Herz von Kummer fern
> und deinen Leib von Schaden frei –
> Ehe die bösen Tage kommen,
> die Jahre nahen, von denen du sagst:
> Ich finde keinen Gefallen an ihnen!
> Ehe sich die Sonne verdunkelt,
> das Licht des Mondes und der Sterne,
> wenn nach dem Regen nur Wolken aufziehen,
> Zu der Zeit, da die Wächter des Hauses[1] erzittern
> und die starken Männer[2] sich krümmen,
> Wenn die Müllerinnen[3] feiern, die wenig geworden,
> und trübe sind, die durchs Fenster schauen[4];
> Während das Lärmen der Mühle verklingt
> und die Vogelstimmen verstummen
> und alle Lieder leiser klingen;
> Wenn man sich vor dem Hügel fürchtet
> und vor den Wegmulden erschrickt;
> Wenn der Mandelbaum blüht[5],
> die Heuschrecke schleicht
> und die Kaper zerspringt[6];
> Ehe die silberne Schnur zerreißt,
> die goldene Schale zerspringt,

[1] D. h. die Arme.
[2] D. h.: die Beine.
[3] D. h.: die Zähne.
[4] D. h.: die Augen.
[5] D. h.: die Haare weiß werden.
[6] D. h.: die Geschlechtskraft erlischt.

der Krug an der Quelle zerbricht
und das Schöpfrad an der Zisterne zerfällt.«

Aber der Prediger weiß zugleich um unser unstillbares Le-
bensverlangen; denn 11,7 f.:

> »Süß ist das Licht und es tut den Augen wohl,
> die Sonne zu schauen;
> Ja, wenn ein Mensch Jahre die Fülle lebt,
> soll er sich an ihnen allen erfreuen
> und an des Dunkels Tage denken,
> daß sie dauern;
> Alles, was kommt, ist vergänglich.«

Mit männlicher Gefaßtheit sieht der Prediger auf das rätselhafte und doch alle in seinen Bann schlagende Leben. Er jam-
mert nicht wie mancher späte Décadent darüber, daß Gott
nicht des Menschen Kindermädchen ist, sondern gibt seinen
Schülern und sicher mit guten Gründen uns allen den Rat, das
vergängliche Leben zu nutzen. Wieviel Quängeleien, wieviel
sich den Tag mit Kleinigkeiten und dem anderen mit Klein-
lichkeiten verderbendes Gehabe unterbliebe, wenn wir uns
deutlicher der Flüchtigkeit unserer Tage bewußt wären und
aus ihr die Folgerung zögen, sie miteinander als ein Fest zu
begehen, statt sie uns wechselseitig möglichst schwerzuma-
chen und einander die Lebensfreude zu vergällen. Wer kein
weiteres Leben erwartet, wird Kohelets Schlußfolgerungen
grundsätzlich zustimmen; und wer auf ein kommendes
Leben hofft, ist trotzdem gut beraten, das ihm jetzt gegebene
zu nutzen.

Aber natürlich interessiert es uns, was der Prediger nun
angesichts der Hinfälligkeit der von den Weisen gelehrten als-
baldigen göttlichen Vergeltung für ethische Verhaltensregeln
gibt. Lesen wir darüber in 7,15 – 22 nach:

»All das beobachtete ich in meinen flüchtigen Tagen:
Es gibt Gerechte, die kommen dank ihrer Gerechtigkeit
um, und es gibt Frevler, die leben dank ihrer Bosheit
                                                    lange.
Sei nicht allzu gerecht und spiele dich nicht allzu weise
                                                    auf –
warum willst du dich zugrunde richten?
Sei nicht allzu gottlos und sei kein Tor!
Warum willst du vor der Zeit sterben?
›Es ist gut, wenn du an dem einen festhältst
und von dem anderen deine Hand nicht abziehst.‹
›Die Weisheit gibt dem Weisen ›mehr Kraft‹
als zehn Machthaber besitzen,
die über die Stadt verfügen.‹
Denn: ›Kein Mensch auf Erden ist so gerecht,
         daß er nur Gutes tut und nicht frevelt.‹
Gib auch nicht acht auf alles Gerede, das man redet;
damit du nicht hörst, wie dich dein Sklave verwünscht.
Denn du weißt bei dir selbst um viele Male,
in denen auch du andere verwünscht hast!«

Man geht, zumal, wenn man die letzten Sätze bedenkt, kaum
fehl mit der Auslegung, daß Kohelet hier nicht etwa empfiehlt, sich ohne ethische Bedenken durch alle Situationen
hindurchzuschlängeln, sondern daß er seinen Schülern das
Maßhalten anrät: Kein übertriebenes der Gerechtigkeit
Nachjagen und ebenso kein übertriebenes sich weder um
Recht noch Gerechtigkeit Kehren, sondern die gesunde Mitte
einzuhalten, wird hier anempfohlen, die Dinge weise und gelassen an sich herankommen zu lassen. Für diese Deutung
spricht eindeutig die abschließende Erinnerung an die eigene
Fehlbarkeit: Nur wer sich selbst fehlerfrei dünkt, macht anderen eine gnadenlose Rechnung auf. Geschwätz, wie es sich
damals unter den Sklaven breitmachte, aber auch unter ge-
wandelten sozialen Verhältnissen überdauert, wird der Weise
überhaupt nicht zur Kenntnis nehmen, wiederum dessen ein-

gedenk, was er schon alles über andere gesagt und gedacht hat. Unbesonnenheit, so können wir diese Reflexion zusammenfassen, führt zu einem vorzeitigen Tod. So kann der Mensch nach des Predigers Meinung zwar sein Leben nicht verlängern, dagegen aber sehr wohl verkürzen, indem er sein Schicksal herausfordert.

Der Weise hält sich in seinem Tun zurück, er vermeidet jedes Übermaß und jede Einseitigkeit, weiß um die Schicksalsmächtigkeit Gottes und fordert sie nicht heraus, zieht aber aus ihr nicht die von den Stoikern als Argument der faulen Vernunft bezeichneten quietistischen Konsequenzen, deren Anhänger sagen: »Wenn es für dich vom Fatum bestimmt ist, von deiner Krankheit zu genesen, wirst du genesen, ob du nun einen Arzt herbeiziehst oder nicht.« Nein, lautet ihr Gegenargument: Der Gang zum Arzt gehört zu den Wirkungen des Schicksals, das sich unserer Entschlüsse als seiner Mittel bedient. Solche schulphilosophischen Überlegungen dürfen wir von dem Mann nicht erwarten, der sich seinen eigenen Gedankenweg mühsam in einer dafür nicht vorbereiteten Sprache mittels der überkommenen Wahrsprüche, ihrer Auslegung und Infragestellung bahnen mußte. Trotzdem hat er keinen Zweifel daran gelassen, daß Faulheit ebenso sinnlos wie unermüdliche Geschäftigkeit ist; denn 4,4−6:

»Ich betrachtete alles Sichabmühen und allen Gewinn,
der bei der Geschäftigkeit (herauskommt):
Dahinter steckt der Neid des einen auf den anderen;
auch dies ist sinnlos und Haschen nach Wind.
›Der Tor legt seine Hände zusammen
und muß dann sein eigenes Fleisch essen.‹
›Besser ist eine Handvoll ›Ruhe‹
als zwei volle Hände ›und dabei‹ nur Mühe −‹
und Haschen nach Wind.«

So geht es nach des Predigers Überzeugung auch bei der Arbeit um das Maßhalten, um die rechte Mitte; denn dem Faulen mißlingt sein Leben ebenso notwendig wie dem, der sich Tag und Nacht keine Ruhe gönnt, um seinen Besitz zu vermehren, von dem er am Ende nicht weiß, ob er je dazu kommt, ihn zu genießen, 4,7ff. Er hat aber auch schon das erkannt, was wir heute als Prestigedenken bezeichnen würden, die Eifersucht, den anderen zu übertreffen, und den Neid, hinter einem anderen zurückzubleiben. »Haschen nach Wind!« kommentiert der Prediger kurz und treffend den daraus resultierenden Arbeitseifer. Wir könnten auch sagen: ein sinnloses Theater!

Am Ende wollen wir freilich wissen, wie er sich Gott gegenüber zu verhalten empfiehlt, wie sich die Gottesfurcht angesichts der kultisch geregelten Frömmigkeit seiner Zeit auswirken sollte. Wir lesen dazu in 4,17–5,6:

»Achte auf deinen Fuß, wenn du zum Gotteshaus gehst;
denn: ›Nahen um zu hören ist besser
        als wenn Toren ein Opfer darbringen;‹
denn: ›Da sie unwissend sind,
        können sie etwas Schädliches tun.‹
Übereile weder deinen Mund noch überstürze dein Herz,
ein Wort vor Gott herausfahren zu lassen.
Denn: ›Gott ist im Himmel und du bist auf Erden.‹
Darum mache nicht viele Worte!
Denn: ›Wie die Träume aus Überarbeitung kommen,
erkennt man die Stimme des Toren an zu vielen Worten.‹
Falls du Gott ein Gelübde gelobst,
zögere nicht, es zu erfüllen!
Denn man hat kein Gefallen an den Toren.
Es ist besser, du gelobst nicht,
als du erfüllst nicht, was du gelobt hast.
Laß dich nicht durch ein Wort in Verschuldung bringen

noch sage zu dem Boten[1]: Es war ein Versehen!
Warum soll Gott ob deiner Rede zürnen
und das Werk deiner Hände zunichte machen?
Denn zuviel Träume ›und zuviel Worte sind sinnlos‹;
sondern fürchte Gott.«

Auch hier, könnten wir wiederum kurz und knapp sagen,
geht es um das Maßhalten. Aber nun spielt ganz unmittelbar
der Gedanke an die göttliche Majestät herein, die zur äußersten Vorsicht im Umgang mit ihm mahnen läßt. Geschwätzige Gebete sind hier ebenso gefährlich wie falsche Opfergaben, die ihren Zweck nicht erfüllen, und nicht eingehaltene
Gelübde. Der Gott, der sich hinter seiner Schöpfung verbirgt, legt Wert auf die Einhaltung der Distanz und genauso
darauf, daß der Mensch ihm gegenüber sein Wort hält. Man
ahnt zu seiner Überraschung, daß der Prediger keineswegs zu
denen gehörte, die auf eine Abschaffung der im Gesetz vorgeschriebenen Riten drängten, sondern daß er zu seiner peinlichen Befolgung aufforderte, sofern man es nicht weiser vorzog, in den Tempel zu gehen, um dort das Gotteslob zu hören. Hier hat die Gottesfurcht einsichtig genug ihren unmittelbaren Ort, weil der Mensch hier, wie auch der Prediger mit
seinen Zeitgenossen unterstellt, unmittelbar vor Gott steht.
Nach dem bisher aus den Blättern des Kohelet Mitgeteilten
können wir uns schon denken, was er dem Menschen anrät,
wenn ihn das Glück verläßt, 7,10–14:

»Sage nicht: Was ist geschehen, daß die früheren Tage
besser als die jetzigen waren!
Denn du fragst ohne Weisheit danach.
Weisheit ist so gut wie Besitz
und ein Vorteil für die, die die Sonne schauen!
Denn: ›Im Schatten der Weisheit
(ruht man) wie im Schatten des Geldes!‹

[1] Der das Gelobte eintreibt.

Und: ›Der Vorzug der Erkenntnis ist:
Weisheit gibt ihrem Besitzer Leben!‹
Betrachte das Wirken Gottes:
Ja, wer kann gerademachen,
was er gekrümmt hat?
Am guten Tage laß es dir gutgehen
und am bösen bedenke:
Auch diesen wie jenen hat Gott gemacht,
und weiterhin, daß der Mensch
hernach auf nichts mehr trifft.«

Wie hatte er in 9,4 gesagt? »Ein lebendiger Hund ist besser als ein toter Löwe!« Diese Folgerung gilt es durchzuhalten, wenn dem Menschen der Spaß an seinem Leben vergeht. Aber es liegt doch zugleich das Wissen darum in seinen Worten, daß der Mensch Gott gegenüber keinen Anspruch auf Glück geltend machen kann und ihm im Zugriff des Schicksals nur bleibt, sich der Notwendigkeit zu beugen. Wer seine Notwendigkeit tatsächlich annimmt, ist frei. Mithin haben wir allen Grund zu der Annahme, daß seine Gelassenheit gegenüber dem Tode keine heroische Pose, sondern aus dieser Freiheit erwachsen war. Von unserem eigenen Standort rückblickend können wir sagen, daß Gott bei solcher Annahme des Schicksals stets dabei ist und die Freiheit für den eigenen Tod Wirkung seiner Gegenwart ist. Dem Prediger fehlte, um solches zu sagen, die Sprache. Der von ihm als Grenze des Menschen erfahrene Gott gab ihm nicht nur die Legitimation für seinen Glauben an und sein Reden von Gott, sondern hatte zugleich die Begrenzung desselben zur Folge. Ein »Befiehl Jahwe deine Wege und hoffe auf ihn ...« konnte er im Horizont seines alttestamentlichen Lebens- und Todesverhältnisses nicht mehr wiederholen. Er wäre sich selbst untreu geworden, wenn er von seinem von uns aufgezeigten Grundsatz, weder jüdischer noch griechischer Ideologie zu verfallen, gelassen hätte.

Der sich selbst als Freund Kohelets bezeichnende Herausgeber seiner Aufzeichnungen hat ihm bestätigt, daß er sich als Weiser wie als Lehrer bemüht habe, »begründete Worte zu finden, und daß er in Aufrichtigkeit Worte der Wahrheit« aufgezeichnet habe, 12,10. Indem er hinzufügte: »Worte von Weisen sind wie Ochsenstachel und wie eingeschlagene Nägel die der Versammlungsleiter!« unterstrich er zugleich ihren provozierenden wie ihren bewährten Charakter. – Ein zweiter Epilogist, auf dessen Hand wir auch sonst hier und da im Büchlein stoßen, hat dann sein warnendes »Des Büchermachens ist kein Ende ...« hinzugefügt. Davon überzeugt, daß Kohelet niemand anderes als Salomo gewesen ist und dieser der Lehre nicht widersprechen konnte, hat er in seiner abschließenden Zusammenfassung das Ganze zu entschärfen versucht, indem er als seine Summe die Gottesfurcht und das Halten der Gebote angesichts des bevorstehenden Gottesgerichts über alles Menschenwerk bezeichnete, 12, 13 f.

KAPITEL 7

Leid und Gott

oder

»In der Welt habt ihr Angst, aber
seid getrost; denn ich habe die
Welt überwunden.«

I

Das Problem, warum es in dieser Welt überhaupt Leiden und Übel gibt, wird in der Neuzeit in der Nachfolge des Barockphilosophen Gottfried Wilhelm Leibniz als Theodizeeproblem, als Problem der Rechtfertigung Gottes angesichts der Übel und Leiden behandelt. Es ist sachlich erstmals ebenso bündig wie aggressiv von dem hellenistischen Philosophen Epikur formuliert worden, der die einander ausschließenden Möglichkeiten darlegte, daß Gott die Übel entweder beseitigen wolle, aber nicht könne; oder könne, aber nicht wolle; oder weder könne noch wolle; oder wolle und könne. Erweist sich jeder der vier Fälle außer dem vierten und letzten Gottes unwürdig, erhebt sich eben die Frage, woher die Übel in dieser Welt stammen, fr. 374 Usener (Lactantius, de ira dei 13,19).

Der große Leibniz versuchte die Lösung des Problems mittels einer an die Lehre von den Eigenschaften Gottes als des allmächtigen, allweisen und allgütigen Wesens anknüpfenden Ableitung zu gewinnen: In seiner unendlichen Vernunft überschaut Gott die ihrer Möglichkeit nach unendlichen Welten in einem Augenblick, um aus ihnen dank seiner Allwissenheit, Allgüte und Allmacht der besten aller möglichen Welten zur Realität zu verhelfen. Allerdings kommt der Mensch über diese grundsätzliche Einsicht nicht hinaus. Sowie es sich um die konkreten Leiden und Übel dieser Welt und seines Lebens handelt, ist er in seiner endlichen und begrenzten Vernunft darauf angewiesen, auf Gottes, ihm verborgenen Ratschluß zu vertrauen und sich an die Offenbarung seiner Güte zu halten.

Kant stellte die Begrenztheit der menschlichen Erkenntnis-

möglichkeiten in den Mittelpunkt seiner einschlägigen Überlegungen und leitete aus ihnen ab, daß es dem Menschen
grundsätzlich unmöglich ist, einzusehen, wie der den Natur-
gesetzen folgende Lauf der Welt dahingebracht werden kann,
den Menschen seiner moralischen Würdigkeit gemäß mit
Glücksgütern zu versehen. Auf dem Postulat, daß die für den
Menschen getrennten Reiche der Natur und der Freiheit eine
gemeinsame Wurzel besitzen, aufbauend, verwies er den
Menschen auf Gottes sich im ewigen Leben erweisende Gerechtigkeit und damit die sich an dem sittlichen Charakter des
Menschen festmachende Hoffnung.

Hegel wollte in der Weltgeschichte selbst die Theodizee
Gottes erkennen, weil sie als die Geschichte der Verwirklichung der Freiheit des Menschen anzusehen ist, in dessen
Geist Gott selbst zu seinem Bewußtsein kommt. Dabei ergab sich für ihn die Möglichkeit der Versöhnung des Menschen mit der auf sein Glücksverlangen keine Rücksicht
nehmenden Welt aus der Erkenntnis, daß er als endlicher
Geist nur ein Teil des unendlichen ist und sich ihm durch
den Verzicht auf seine Besonderheit der Zwang der äußeren
Notwendigkeit, die nur die Kehrseite des Geistes und mithin Teil seiner selbst ist, in seine Freiheit verwandelt. Denn
wenn ich die vermeintlich äußere Notwendigkeit als das
Gesetz meiner selbst erkenne, so bin ich frei. Alle drei Positionen stimmen letztlich darin überein, daß die Lösung
des Problems den Menschen selbst beansprucht, wobei sie
mit unterschiedlicher Betonung in sein Vertrauen, seine
Hoffnung und seine Fähigkeit, auf sich Verzicht zu leisten,
appellieren.

Vielleicht hat es der Leser in den zurückliegenden Kapiteln
bereits gespürt, daß er es, der diese Zeilen schreibt, darin mit
dem Prediger hält, als er wie jener bemüht ist, der biblischen
und der griechisch-philosophischen Tradition prüfend ge-
genüberzutreten, um keiner lebensfeindlichen Ideologie zu
verfallen, aber zugleich davon überzeugt ist, daß, wer an Gott
glaubt, von beiden etwas zu lernen vermag. Vielleicht dürfen

wir im Vorgriff sagen, daß sich das Problem der Gerechtigkeit Gottes, der Frage, *warum* er das Leiden zuläßt, am Ende immer in das andere verwandelt, ob wir selbst das Leiden annehmen und Gott zuwillen leiden.

II

Blicken wir zurück, so haben wir von dem Hiobdichter gelernt, daß ein vermeintliches Wissen um das Gesetz des göttlichen Handelns am Menschen, nach dem er jedem in diesem Leben nach seinen Taten heimzahlt, zur Verzweiflung dessen führt, der sich für das Ausmaß seiner Leiden nicht verantwortlich fühlen kann. Und wir haben gehört, daß Gott selbst sich auf die Seite des gegen solche menschlichen Rechenkünste Aufbegehrenden stellt, ihm aber gleichzeitig das Recht bestreitet, mit ihm selbst ins Gericht zu gehen, weil der Mensch in seiner Begrenztheit Gottes Wege mit seiner Schöpfung und demgemäß auch mit dem einzelnen und also ihm selbst nicht einzusehen vermag. Daß Gott es trotzdem mit dem Menschen gut meint, gab uns der Mann zu verstehen, der die Hiobnovelle mit der Hiobdichtung verband; denn nun erfährt der Leidende und mit ihm der Leser, daß, wer sich in solcher Lage unter die gewaltige Hand Gottes beugt, von ihm am Ende erneut gesegnet wird. Dabei bleibt für uns allerdings unbefriedigend, daß sich diese Lösung auf dieses Leben beschränkt, weil damit dem, der sterben muß oder den Tod anderer beweint, nicht geholfen ist.

Kohelet, der Prediger Salomo, sah sich noch einmal genötigt, gegen den zur Ideologie erstarrten Glauben an Gottes Gerechtigkeit anzutreten und die absolute Verborgenheit der Grundsätze, mittels derer Gott am Menschen handelt, zu unterstreichen. Als Absicht der dem Menschen verhängten Verschlossenheit Gottes sah er die Wahrung der Gottheit Gottes an. Sie erweist sich, indem sich Gott nicht als Mittel zur Selbstbestimmung menschlichen Schicksals mißbrauchen läßt. Gott bewahrt seine Gottheit in der Begrenzung menschlicher Erkenntnis und menschlicher Selbstbestimmung. Dieser Einsicht entspricht Kohelets Lehre gemäß die Gottesfurcht, die sich in der Vermeidung jeder Herausforderung Gottes und einem maßvollen Verhalten im Umgang untereinander bewährt. Hinter seinem Rat, das dem Menschen von Gott gewährte Glück angesichts der Einmaligkeit dieses Lebens und seiner Flüchtigkeit nicht zu versäumen, meinten wir die Freiheit dessen vor dem Tode zu erkennen, der Verzicht auf einen Anspruch seiner Besonderheit gegenüber Gott geleistet hat, weil dieser Verzicht die Quelle der Freiheit ist. Und wir erinnern uns gleichzeitig daran, daß der Verfasser der Himmelsszenen darin die Wahrung der Ehre Gottes sah, daß ihn der Mensch nicht als eine Art Glücksgötzen mißbraucht, sondern ihn auch im Leiden seinen Gott sein läßt. Beides schließt sich so in der Forderung zusammen, daß der Mensch auf sich selbst Verzicht leisten muß, um Gottes Gottheit zu wahren, frei von seiner Angst zu werden und sein Leid zu bestehen. Denn wem vor seinem Tode bangt, der kann sich seiner Tage nicht freuen und der kann weder Gott noch Menschen die ihnen zustehende Ehre geben. In sich verschlossen ist er weder frei für sein Schicksal noch frei für den Nächsten. Statt den Nächsten durch seine Nähe und das Versprechen seiner Treue mit von seinen Ängsten zu befreien, sucht er ihn als Rettungsanker an sich zu binden und bringt ihn so um sich selbst. Statt gelassen seine Umwelt zu prüfen und dann das Bestmögliche zu tun, klammert er sich an das Ideal, dem die Wirklichkeit einer endlichen Welt nie entspricht, und lamentiert über ihr Elend, statt es auch nur um ein weniges zu lindern. Die richtige Einstellung gegenüber Gott und dem eigenen Schicksal erweist sich mithin keineswegs als eine Belanglosigkeit für Staat und Gesellschaft, sondern als deren fundamentale Voraussetzung.

Noch radikaler können wir sagen, daß keine menschliche Gemeinschaft ohne den so umrissenen Glauben gelingt. Daraus leiteten wir oben die Umkehrung ab, daß überall dort, wo sich ein Mensch mit seinem Schicksal, mit sich selbst und seiner Endlichkeit versöhnt, Gott dabei ist. In solcher Einsicht bewährt sich die Lehre der Väter von der anima naturaliter Christiana, von der ihrer Natur nach christlichen Seele und zugleich die andere von Gott als dem Schöpfer und Herrn der Welt und mithin aller Menschen. Wäre seine Gnade allein an den Eifer der Christen gebunden, stünde es schlecht um sein Regiment. Daß Christen trotzdem notwendig für die Menschen sind, weil zwischen solchem vollzogenen und einem um sich selbst wissenden Glauben ein Unterschied besteht, wird sich alsbald ergeben.

III

Ohne es zu bemerken, sind wir von der Historie zur Systematik, von der Schrift zu ihrer Lebenswahrheit übergegangen. Vertiefen wir die bislang gewonnenen Einsichten, erweist sich, daß der Glaube an Gott weder aus theoretischen noch aus praktischen Gründen eine Phantasmorgie des Menschen, Opium für ein Volk, das sich selbst nicht zu helfen weiß, sondern Antwort auf die Wahrheit von Leben und Welt ist, deren Verkennung und Fehlauslegung für die Katastrophen im Leben des einzelnen wie der Völker verantwortlich ist. Gern fügen wir ein, daß demgemäß auch die Weisen, die unermüdlich und unerbittlich auf die Notwendigkeit der Gottesfurcht für das Gelingen menschlichen Lebens hingewiesen haben, grundsätzlich im Recht waren, wenn sie ihre Einsicht auch kurzschlüssig in eine dem einzelnen sein physisches Glück garantierende Formel pervertierten.

Die Notwendigkeit, Gott zu denken, ergibt sich daraus, daß Endlichkeit selbst nur im Horizont von Unendlichkeit denkbar ist. Diese Unendlichkeit ist jedoch nicht die des Kreises, in dem sich eine endliche Welt bewegen könnte. Die zugleich endliche, aber unbegrenzte Welt erweist sich ihrerseits vielmehr als zeitlich gerichtet und als in ihrer Begrenzung über sich selbst auf eine Unendlichkeit ausgerichtet, die wir nur als reine Transzendenz, als alle weltliche Strukturiertheit hinter sich lassende absolute Möglichkeit, absolute Potenz begreifen können. Da jedoch die Welt ihrerseits eine rationale Struktur besitzt, ist der Schluß von ihrer Rationalität auf die ihr zugrundeliegende göttliche ratio oder auf Gott als absolute Vernunft nach den Regeln der Wahrscheinlichkeit erlaubt. Daß sich der Staub vergangener Sonnen zur Erde zusammenballte, der Sonnenschild die tödlichen kosmischen Strahlen abhält und die Mondbremse ein Magnetfeld aufbaute, welches das Leben vor den ultravioletten Strahlen der Sonne bewahrt, ohne deren Licht sich kein Leben verwirklichen kann – all dies liegt jenseits einer dem Zufall angemessenen Wahrscheinlichkeit. Daher widerstreitet es weder der Vernunft noch der Erfahrung, wenn sich der Mensch als Geschöpf eines Gottes versteht, der gegenüber seinem begrenzten Geist absoluter, gegenüber seiner begrenzten Vernunft absolute Vernunft und gegenüber seiner begrenzten Liebe die absolute Liebe selbst ist.

Geist erweist sich in der Transzendenz des Menschen gegenüber seinem Augenblick. Er ermöglicht die Distanz zur Welt und damit vernünftiges Handeln. Verweist die Welt auf ihren außerweltlichen vernünftigen Ursprung, muß ihm die Transzendenz zum Augenblick in absoluter Weise zur Verfügung stehen. Demnach ist Gott unendliche Vernunft und unendlicher, absoluter Geist. Erschließt sich der transzendente Gott dem Menschen in dem Augenblick, in dem er in sein Nichts hinaussteht und von Todesängsten gepackt wird und dann den Verzicht auf sich selbst leistet, der in der Bitte »Dein Wille geschehe« liegt, erfährt er Gott selbst als den tragenden Grund seiner Existenz, seines zwischen der Welt und dem Nichts gespannten Aus-Standes. Die sich hinter diesem Abgrund, dieser Ortlosigkeit seiner selbst verbergende und alle Ängste auflösende Stille ist wie ein sanftes Licht, das ihn freundlich umschließt, ihm Frieden gibt und ihm versichert, daß sein nichtiges, flüchtiges Leben trotzdem in der ewigen

Liebe gründet. Wer dies auch nur einmal und für einen einzigen Augenblick erfahren hat, weiß, daß Gott die ewige Liebe ist. Und mehr zu wissen bedarf es nicht.

IV

»Ist dieser Mystiker noch ein Christ oder hat er Jesum längst verloren?« Es ist jetzt in der Tat an der Zeit, die Brücke zum Neuen Testament zu schlagen und zu zeigen, wie das hier Gesagte als eine Auslegung des reformatorischen Grundsatzes der Rechtfertigung allein aus Glauben und seiner Bindung an den Christus der Schrift zu verstehen ist. Daß die Schrift selbst nicht als eine Art göttlichen Orakels, sondern als ein Buch anzusehen ist, in dem sich sehr unterschiedliche Menschen mit sehr unterschiedlichen Glaubensgedanken zu sehr unterschiedlichen Zeiten zu Wort melden, dürfte am Beispiel des Hiob- und des Predigerbuches deutlich geworden sein. Sie ist – wenn die katholischen Brüder und Schwestern dies für den Augenblick vergeben – kein papierener Papst, sondern Zeugnis der Glaubensgedanken, mittels derer Menschen vergangener Zeiten ihre Gotteserfahrung bekunden. Sie erhalten ihre Einheit letztlich nur dadurch, daß sie sich unterschiedslos auf den *einen* Gott beziehen, den Schöpfer Himmels und der Erden, der keinem Geschöpf gleich, bildlos verehrt werden will, weil das Geschaffene in seiner Endlichkeit seine absolute Majestät nur abschattend zu spiegeln vermag. Da wir Menschen geschichtliche Wesen sind und sehr viel mehr Erben, als es uns bewußt ist, ist es nicht gleichgültig, daß er als solcher zuerst in Israel erkannt worden ist. Daher kommt das Heil für uns von den Juden.

Das Neue Testament stellt uns Jesus vor, erst als den Menschen, der sich seiner Endlichkeit und der aus ihr folgenden Unvollkommenheit so bewußt war, daß er die Anrede als »guter Meister« zurückwies, weil keiner gut und vollkommen ist, denn allein Gott, Ev. Markus 10,18.

Durch alle frommen, dem nachösterlichen Glauben entsprechenden Umdeutungen hindurch nehmen wir ihn als einen Menschen wahr, dessen Gottvertrauen und Menschenliebe so stark und rein waren, daß seine bloße Nähe Kranke heilte und Sünder bekehrte. Daher verstehen wir, daß sein Tod seine Jünger und Anhänger in die tiefste Krise ihres Lebens riß. Wenn der Mensch, der jeder gern selbst sein würde, von der Besatzungsmacht als Aufrührer gekreuzigt und damit dem ehrlosesten und qualvollsten Tod überantwortet ist, wo bleibt dann Gott? Sein letzter Ruf »Mein Gott, mein Gott, warum hast du mich verlassen?« wird für uns selbst Ausdruck der eigenen Ratlosigkeit und Verzweiflung, die uns angesichts der Übel und Leiden dieser Welt und mehr noch unseres eigenen Lebens ergreift. Sein Schicksal stellt uns vor die Entscheidungs- und Grundsatzfrage, ob unser Leben und Geschick durch Gott oder einen blinden Zufall bestimmt wird, ob wir Gottes Kinder oder des Zufalls Narren sind.

Die Jünger und Apostel gaben auf diese Frage die Antwort, Gott habe Jesus von den Toten auferweckt und er sei ihnen in göttlichem Glanze erschienen. In der Folge erkannten sie in ihm den »Messias«, den erwarteten Heilskönig Israels. Griechisch wurde dann aus dem »Messias«, dem Gesalbten, der Christos und aus den »Messiasleuten« wurden die Christen, vgl. Apostelgeschichte 11,26.

Die Frage, ob die Männer und Frauen, die behaupteten, den Auferstandenen gesehen zu haben, die Wahrheit sagten, läßt sich für uns mittels einer Untersuchung der Oster- und Erscheinungserzählungen des Neuen Testaments nicht entscheiden. Das jeweilige Verkündigungsinteresse überlagert bei den Ostererzählungen ganz offensichtlich das zugrundeliegende geschichtliche Faktum. Zweierlei läßt sich jedoch zu ihren Gunsten sagen: zum ersten, daß die Überzeugungskraft der ersten Christen wunder nähme, wenn ihr Zeugnis nicht von einer Menge anderer Augenzeugen unterstützt worden wäre, vgl. 1 Korinther 15,1–5; zum zweiten, daß wir gerade unter den Anhängern Jesu keine Betrüger erwarten. Selbst wenn wir das, was uns da erzählt wird, nicht einzuordnen wissen, muß ihm eine Wirklichkeit solcher Art entsprechen, daß ihre Traurigkeit und Enttäuschung sich in Freude verwandelte, vgl. Ev. Lukas 24,21. Diese Erfahrung muß als Kern die Selbstbekundung des Auferstandenen enthalten haben.

Diese Erfahrung im Rücken, schreckte sie der Tod nicht länger; sie waren vielmehr von der Todesangst befreit, weil sie unwiderleglich und aus eigener Erfahrung wußten, daß der Tod nicht das Ende des Menschen, sondern seine Verwandlung bedeutet. Daher verstanden sie seinen, den Menschen ihre Todesangst nehmenden Tod als ein stellvertretendes Leiden und Sterben; denn ohne ihn wären sie in ihren Ängsten geblieben. Trennt den Menschen seine Schuld von Gott, so daß er in der Konsequenz in das Nichts seines Todes zu fallen fürchtet, bedeutet die Befreiung von der Todesangst eben zugleich die Vergebung. Mithin ist Jesu Tod für die, denen er erschien, und für die, welche durch ihr Zeugnis Vertrauen zu Gott faßten, ihre Sündenangst und Todesfurcht verloren, zugleich das Mittel, durch das ihnen Gott vergeben hat, geworden.

Die entscheidende Frage lautet für uns, wie wir zu der Gewißheit kommen können, daß diese Botschaft wahrhaftig ist. Da historische Forschung das nicht erreichen kann, bleibt zu überlegen, ob es einen anderen Weg, ein anderes Vergewisserungsmittel der Wahrheit dieser Botschaft gibt. Im Gegensatz zu einer bloßen historischen Nachricht müßte es zugleich solche Selbstevidenz besitzen, daß wir der Zweifel enthoben sind. Ich weiß keinen anderen Weg als den, auf dem Gott unmittelbar erfahren wird. Und damit schließt sich der Kreis. Denn unmittelbar erfahren wird er von uns, wenn wir auf uns Verzicht leisten, den scheinbar um unserer Selbsterhaltung willen unverzichtbaren Verzicht auf uns selbst, um dann zu erfahren, daß Gott auf ihn antwortet, indem er uns hält und indem er uns birgt.

So provoziert die Botschaft von der Gottgeborgenheit

Jesu, daß auch wir diese Bergung erfahren. Und weil wir in den mannigfachen Nöten des Alltags und unserer uns dem Abgrund des Nichts aussetzenden Konstitution immer wieder vergessen, daß dieses Nichts die Maske Gottes ist, bedürfen wir des gepredigten Christus, des Dienstes der Kirche durch Wort und Sakrament.

Nach all dem Gesagten dürfte deutlich geworden sein: Es kommt nicht darauf an, mit unserer Erfahrung nicht in Übereinstimmung zu bringende Anschauungen als ein Glaubensgesetz zu betrachten, sondern darauf, zu erfahren, daß Gottes Güte und Nähe zu uns unzerstörbar sind. Unkontrollierbare Glaubensgedanken verselbständigen sich zur Ideologie. Sie leisten dann nicht mehr, was der Glaube als Gottvertrauen leistet: sich die Welt jeden Tag neu in der Bereitschaft zu neuen Erfahrungen schenken zu lassen.

Nachwort

Wer ein Buch beendet, weiß sich vielen zu Dank verpflichtet. So soll auch an dieser Stelle mit dem Danken begonnen sein: Der Verfasser dankt Wolfgang Erk, daß er ihn zum Schreiben des vorliegenden Buches ermutigt, ihn stets freundschaftlich an die eingegangene Verpflichtung erinnert und es in die Obhut seines Verlages genommen hat; Matthias Mißfeldt, daß er ihn unablässig gedrängt hat, es wirklich zu schreiben; Uwe Hill, daß er mit bewährten Argusaugen das Manuskript überprüft und schließlich die Korrektur gelesen hat; Frau Elisabeth Maaß, der Sekretärin am Fachgebiet Altes Testament im Fachbereich Ev. Theologie der Philipps-Universität Marburg, daß sie unter selbstlosem Einsatz ihrer Freizeit das Manuskript geschrieben und als erste Leserin seinen Autor ebenso auf Schwachstellen hingewiesen wie zum Fortschreiben ermutigt hat; last not least seiner Frau, Dr. med. Gertrud Kaiser, daß sie ihm die Wochen der Ausarbeitung und Niederschrift auf jede erdenkliche Weise erleichtert und alle Störungen von ihm ferngehalten hat.

In einem Buch ohne Fußnoten bleiben die wissenschaftlichen Vorgänger und Lehrer ungenannt. Den ihnen allen geschuldeten Dank faßt der Autor in der Widmung an den Mann zusammen, der dem Hiobbuch eine unübertroffene Übersetzung und eine sorgfältige Kommentierung zuteil werden ließ und dem Gottes Fügung alsbald ein gut Teil von Hiobs Leid als eigenes Schicksal verhängte, dem heimgegangenen emeritierten Professor für Altes Testament an der Katholisch-theologischen Fakultät der Eberhard-Karls-Universität Tübingen, Dr. Fridolin Stier. Er hat vor Jahrzehnten dem damals jungen evangelischen Doktor der Theologie und Schreiber dieser Zeilen, gastfrei sein Haus geöffnet und ihm einen prägenden Eindruck von einer ökumenischen Gesinnung vermittelt hat, die, fest in der eigenen Kirche verwurzelt, bereit ist, den Andersbeheimateten als christlichen Bruder anzunehmen, ihm förderlich und dienstbar zu sein.

Er gedenkt in Dankbarkeit all der Studenten, die in den letzten anderthalb Jahrzehnten in seinen Marburger Seminaren und Vorlesungen wie in der Arbeitsgruppe ›Schicksal, Leid und Gott‹ der Ferienakademie der Studienstiftung des deutschen Volkes in La Villa im Sommer 1984 mit ihm zusammen über das Hiobbuch und den Prediger Salomo nachgedacht und durch ihre kritischen Rückfragen sein eigenes Verständnis gefördert haben.

Der Verfasser weiß, daß er dem Leser des vorliegenden Buches einiges an Mitdenken und vermutlich oft genug auch an Umdenken zumutet. Zumal das erste, den Problemhorizont absteckende Kapitel wird nicht jedermanns Sache sein. Wer dies feststellt, ist gebeten, sogleich zu den folgenden überzugehen und es am Schluß noch einmal mit dem ersten zu versuchen. Es war das Bestreben des Autors, all denen zur Seite zu treten, die als Christen oder Nichtchristen mit dem Problem schicksalhaften Leidens ringen, durch es in ihrem Glauben an Gott angefochten sind und nach einem Wege suchen, es zu bestehen. Er nimmt sie zu diesem Zweck mit auf seinen Weg durch zwei der schwierigsten Bücher der Bibel. Und er hofft, daß ihnen auf der gemeinsamen Wanderschaft nicht nur deutlich wird, daß die von vielen mit solchem Vorbehalt betrachtete wissenschaftliche Schriftauslegung geeignet ist, zum besseren Verständnis der Botschaft der Bibel beizutragen, sondern daß sie zugleich erkennen, welche grundsätzliche Gefahr eine Ideologisierung der Wirklichkeit darstellt und warum der Glaubende auf sie verzichten kann und wir Menschen daher alle des Glaubens bedürfen.

Stellen, an denen der überlieferte hebräische Text verdorben oder durch den Gedankenzusammenhang störende, in der Übersetzung ausgelassene Nachträge unterbrochen sind, wurden durch Apostrophierung gekennzeichnet. Auf Versangaben wurde bewußt verzichtet, um den Leser auf eine ihm ungewohnte Weise mit dem Bibelwort zu konfrontieren. Sollte dem Verfasser seine Zielsetzung wider Erwarten gelungen sein, weiß er sich für seine Arbeit reichlich entschädigt. Ihn selbst haben die hier behandelten Fragen seit dem zweiten Weltkrieg umgetrieben. Sie haben ihn einst zum Studium der Theologie geführt und durch die Jahrzehnte nicht nur in seiner wissenschaftlichen Arbeit begleitet. Daher meint er zu wissen, wovon er redet.

Marburg/Lahn und Badgastein, im Spätsommer 1984[1]

Otto Kaiser

[1] Die Übersetzung der Simonides-Skolions von Oskar Werner auf S. 62 f. ist dem Tusculum-Band »Simonides/Bakchylides« entnommen.
Für die freundliche Genehmigung zum Abdruck bedanke ich mich beim Artemis-Verlag in München.

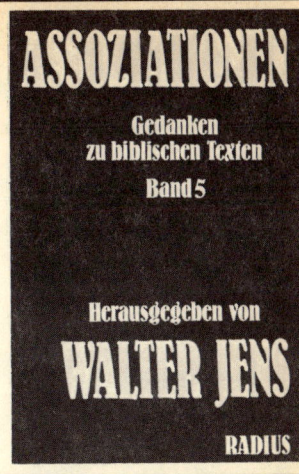

Kurt Marti

Schöpfungsglaube

Die Ökologie Gottes
100 Seiten, Paperback

Kurt Marti, Theologe und Schriftsteller in Bern, weist anhand der biblischen Schöpfungsberichte, von Texten aus den Psalmen und dem Neuen Testament nach, daß die Natur weit mehr ist als bloß erforschbares und nutzbares Objekt: Sie gehört zum Menschen, der Mensch ist aber zugleich ein Teil von ihr. Darum gilt es, politische Konzepte und Verhaltensweisen zu entwickeln, die sich nicht an kurzfristigen Vorteilen orientieren, sondern an der Versöhnung mit der Natur.

*

Kurt Marti
Gottesbefragung

Der 1. Johannesbrief heute
2. Auflage, 100 Seiten, Pb

»Das Buch stellt den 1. Johannesbrief vor und versucht, die Aussagen des Briefes auch für den modernen Menschen verständlich zu machen. Kurt Marti erläutert den Inhalt des Briefes und setzt ihn in Zusammenhang mit Ereignissen der Gegenwart, sei es politischer oder sozialer Art. So etwa, wenn es um Fragen der Rüstung, des Waffenexportes oder des Umweltschutzes geht. Ein lesenswertes Buch, in flüssigem Stil geschrieben.« *(Glauben und Leben)* »Diese Predigten sind in ihrer direkten Art eine nicht alltägliche Leistung in einer Zeit, wo der Kirche von verschiedenen Seiten drohend empfohlen wird, den Mund zu halten ...« *(Zeitung Vaterland/Schweiz)*

Christian Weyer

HiobsBotschaft

24 Seiten, geheftet

HiobsBotschaft: Das ist die Botschaft, die der Hiob aus Bonn heute von seiner Welt her erfährt: atomare Aufrüstung, Umweltzerstörung, Terror und Folter. HiobsBotschaft: Das ist die Botschaft, die Hiob in seiner Verzweiflung an Gott richtet – denn er kann nicht verstehen, daß Gott schweigt. Die Erklärungen, die die drei Freunde des Hiob für die Situation der Welt und für Gottes Schweigen anführen – traditionell christliche Antworten –, sind Hiobsbotschaften in Hiobs Ohr. Ihre Antworten stehen im krassen Widerspruch zu Hiobs Gottes- und Weltbild. HiobsBotschaft: Das ist die Botschaft, mit der Gott auf Hiobs Klage hin sein Schweigen bricht. Selbst für Hiob fällt diese Antwort überraschend aus ...

*

Günter Jacob
Die Feste der Christenheit
Betrachtung für einen kritischen Zeitgenossen
100 Seiten, Paperback

»Günter Jacob versucht in zehn ›Betrachtungen‹ die vier Hauptfeste der Christenheit von Staub, Routine und Fehlentwicklung zu befreien und sie in ihrer wesentlichen und ursprünglichen Bedeutung kritischen Zeitgenossen wieder bewußt zu machen. Dabei bringt er nicht nur die neuesten Erkenntnisse der Bibelwissenschaft ins Gespräch, sondern auch Zeitzeugen mit ihren Neuentdeckungen der Feste in extremen Situationen.« *(epd/evangelische information)*

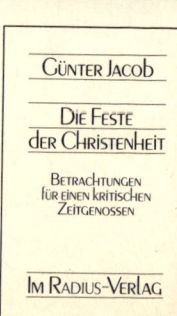

RADIUS-Verlag · Kniebisstraße 29 · 7000 Stuttgart 1